KB118666

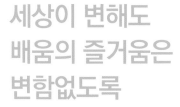

세상이 변해도
배움의 즐거움은
변함없도록

시대는 빠르게 변해도
배움의 즐거움은
변함없어야 하기에

어제의 비상은
남다른 교재부터
결이 다른 콘텐츠
전에 없던 교육 플랫폼까지

변함없는 혁신으로
교육 문화 환경의 새로운 전형을
실현해왔습니다.

비상은 오늘, 다시 한번
새로운 교육 문화 환경을 실현하기 위한
또 하나의 혁신을 시작합니다.

오늘의 내가 어제의 나를 초월하고
오늘의 교육이 어제의 교육을 초월하여
배움의 즐거움을 지속하는 혁신,

바로, 메타인지 기반 완전 학습을.

상상을 실현하는 교육 문화 기업 비상

메타인지 기반 완전 학습
초월을 뜻하는 meta와 생각을 뜻하는 인지가 결합한 메타인지는
자신이 알고 모르는 것을 스스로 구분하고 학습계획을 세우도록 하는
궁극의 학습 능력입니다. 비상의 메타인지 기반 완전 학습 시스템은
잠들어 있는 메타인지를 깨워 공부를 100% 내 것으로 만들도록 합니다.

나만의
공부계획표를
작성해 보자!

초등학교   이름

04일차

24~29쪽
_____
월   일

05일차

30~35쪽
_____
월   일

09일차

58~63쪽
_____
월   일

10일차

64~69쪽
_____
월   일

14일차

88~93쪽
_____
월   일

15일차

94~99쪽
_____
월   일

19일차

122~127쪽
_____
월   일

20일차

128~133쪽
_____
월   일

24일차

152~157쪽
_____
월   일

25일차

158~163쪽
_____
월   일

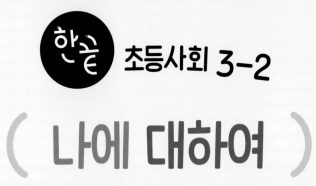

(나에 대하여)

나는	
집중이 잘 되는 시간은	
공부가 잘 되는 장소는	
나의 장점은	
좀 더 잘했으면 하는 점은	
내가 꿈꾸는 미래의 모습은	

(나의 다짐)

나는 이렇게 공부할 거야! 🖊

초등사회 3-2

(공부계획표)

01일차	02일차	03일차
6~11쪽	12~17쪽	18~23쪽
월 일	월 일	월 일

06일차	07일차	08일차
36~41쪽	42~47쪽	48~53쪽
월 일	월 일	월 일

11일차	12일차	13일차
70~75쪽	76~81쪽	82~87쪽
월 일	월 일	월 일

16일차	17일차	18일차
100~105쪽	106~111쪽	112~117쪽
월 일	월 일	월 일

21일차	22일차	23일차
134~139쪽	140~145쪽	146~151쪽
월 일	월 일	월 일

잘라서 사용할 수 있습니다.

한끝

초등사회
3·2

한끝 구성과 특징

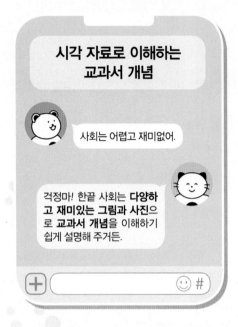

시각 자료로 이해하는 교과서 개념

사회는 어렵고 재미없어.

걱정마! 한끝 사회는 **다양하고 재미있는 그림과 사진**으로 **교과서 개념**을 이해하기 쉽게 설명해 주거든.

하루 6쪽, 부담 없는 사회 공부

매일 공부할 게 너무 많아.

걱정마! 한끝 사회는 '**시각 자료로 개념 이해 - 개념 정리 - 문제 확인**'의 하루 **6쪽 구성**으로 학습량 부담이 없어.

"한끝 사회와 함께 사회 공부를 완성 해보자."

1 시각 자료로 개념 이해

11종 사회 교과서를 꼼꼼하게 분석하여 교과서 개념을 눈으로 이해할 수 있도록 풍부한 시각 자료로 설명하였습니다. 친절한 캐릭터들의 쉬운 설명을 듣다 보면 어느새 개념 이해가 쏙쏙!

출발!

도착!

단원별로 구성된 다양한 문제와 쪽지 시험을
통해 그동안 공부한 내용을 점검하고 학교 단원
평가에 대비할 수 있습니다.

④

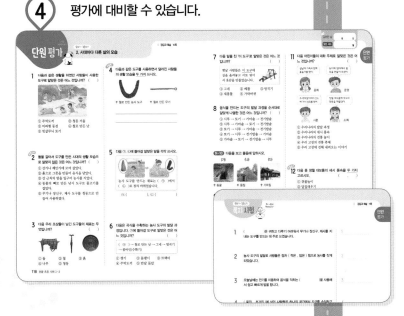

시각 자료로 익힌 교과서 개념을
한눈에 파악할 수 있도록 콕집어
정리하였습니다.

②
개념 정리

학습한 개념을 잘 이해했는지
바로바로 확인할 수 있도록
문제로 구성하였습니다.

③
문제로
확인

초성 퀴즈로 핵심 개념을
한 번 더 확인할 수 있어요.

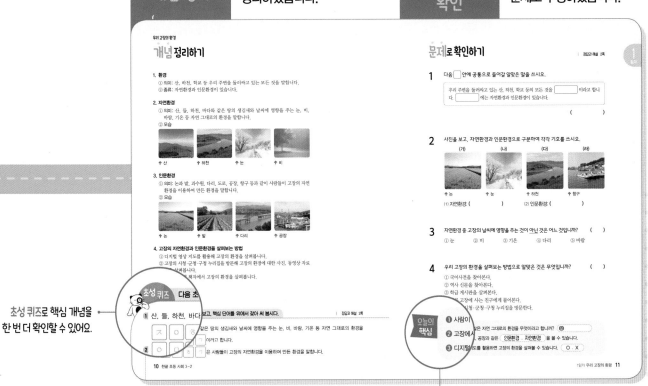

오늘의 핵심으로
빈칸을 채우면서 공부한 내용을 복습할 수 있어요.

차례

규칙적으로 공부하고, 공부한 내용을
확인하는 과정을 반복하면서 사회가
재미있어지고, 자신감이 쌓여 갑니다.

3. 가족의 모습과 역할 변화

우리 고장의 환경

우리 주변을 둘러싸고 있는 환경에는 자연적으로 만들어진 것과 사람들이 자연을 이용하여 만들어 낸 것이 있습니다.

1. **환경**: 산, 하천, 학교 등 우리 주변을 둘러싸고 있는 모든 것을 말합니다.

2. **자연환경**: 산, 들, 하천, 바다와 같은 땅의 생김새와 날씨에 영향을 주는 눈, 비, 바람, 기온 등 자연 그대로의 환경을 말합니다.

3. **인문환경**: 논과 밭, 과수원, 다리, 도로, 공장, 항구 등과 같이 사람들이 고장의 자연환경을 이용하여 만든 환경을 말합니다.

4. **고장의 환경을 살펴볼 수 있는 방법**: 디지털 영상 지도 활용하기, 고장의 시청·군청·구청 누리집 방문하기, 고장의 안내 책자 살펴보기 등이 있습니다.

1 환경의 의미

산, 하천, 호수, 논, 밭, 공원, 학교 등 우리 주변을 둘러싸고 있는 모든 것을 환경이라고 해.

호수　공원　학교

환경에는 자연환경과 인문환경이 있어.

자연환경 ─ 환경 ─ 인문환경

자연 그대로의 환경　　자연환경을 이용해 사람들이 만든 환경

❷ 자연환경에 속하는 것

자연환경은 사람이 만들지 않은
자연 그대로의 환경을 말해.

땅의 생김새

산

들

하천

바다

**날씨에 영향을
주는 것**

눈

비

바람

우박

자연환경은 산, 들, 하천, 바다와 같은
땅의 생김새와 눈, 비, 바람, *기온 등
날씨에 영향을 주는 것으로 나뉘어.

*기온: 공기의 온도

3 인문환경에 속하는 것

논과 밭, 과수원, 다리, 항구 등
사람들이 고장의 자연환경을 이용해
만든 환경을 인문환경이라고 해.

논

사람들이 작물을 기르기
위해 땅을 일구어 논과 밭을
만들었습니다.

밭

다리

사람들이 편리하게 이동하기
위하여 길을 내고 도로와
다리를 만들었습니다.

도로

공장

사람들이 건물을 지어
생활에 필요한 제품을 만드는
공장이나 배가 안전하게
드나들 수 있는
항구를 만들었습니다.

항구

이 밖에도 아파트, 단독 주택, 빌딩 등의 건물이
인문환경에 속해.

4 우리 고장의 자연환경과 인문환경 살펴보기

디지털 영상 지도 활용하기

디지털 영상 지도 사용 방법
1. 국토 정보 플랫폼 누리집(http://map.ngii.go.kr)에 접속합니다.
2. '국토 정보 맵'에서 '통합 지도 검색'을 누릅니다.
3. 오른쪽 위의 '지도 선택'에서 '영상 지도'를 선택합니다.
4. '통합 검색'에 살펴볼 고장의 장소 또는 주소를 입력합니다.
5. 지도를 이동하거나 확대·축소하며 고장을 살펴봅니다.

디지털 영상 지도로 살펴본 우리 고장의 환경을 자연환경과 인문환경으로 구분하여 써 보자.

자연환경	• 산, 숲, 하천 등의 자연환경이 있습니다. • 두 줄기의 하천이 흐르고, 하천이 만나는 지점에 산이 있습니다.
인문환경	• 밭, 학교, 아파트, 건물, 공장, 도로, 다리 등의 인문환경이 있습니다. • 하천에는 다리가 놓여 있고, 하천 주변에 논과 밭, 여러 건물이 있습니다. • 도로가 사방으로 나 있습니다.

누리집 방문하기

고장의 시청·군청·구청 누리집을 방문해 고장의 환경에 대한 사진, 동영상 자료 등을 살펴볼 수 있습니다.

고장의 안내 책자 살펴보기

고장을 안내하는 다양한 내용이 담긴 책자에서 고장의 환경을 찾아볼 수 있습니다.

개념 정리하기

1. 환경

① 의미: 산, 하천, 학교 등 우리 주변을 둘러싸고 있는 모든 것을 말합니다.
② 종류: 자연환경과 인문환경이 있습니다.

2. 자연환경

① 의미: 산, 들, 하천, 바다와 같은 땅의 생김새와 날씨에 영향을 주는 눈, 비, 바람, 기온 등 자연 그대로의 환경을 말합니다.
② 모습

↑ 산　　↑ 하천　　↑ 눈　　↑ 비

3. 인문환경

① 의미: 논과 밭, 과수원, 다리, 도로, 공장, 항구 등과 같이 사람들이 고장의 자연환경을 이용하여 만든 환경을 말합니다.
② 모습

↑ 논　　↑ 밭　　↑ 다리　　↑ 공장

4. 고장의 자연환경과 인문환경을 살펴보는 방법

① 디지털 영상 지도를 활용해 고장의 환경을 살펴봅니다.
② 고장의 시청·군청·구청 누리집을 방문해 고장의 환경에 대한 사진, 동영상 자료 등을 살펴봅니다.
③ 고장의 안내 책자에서 고장의 환경을 살펴봅니다.

초성 퀴즈　다음 초성을 보고, 핵심 단어를 위에서 찾아 써 봅시다.

| 정답과 해설 2쪽

1 산, 들, 하천, 바다와 같은 땅의 생김새와 날씨에 영향을 주는 눈, 비, 바람, 기온 등 자연 그대로의 환경을

［ ㅈ ］［ ㅇ ］［ ㅎ ］［ ㄱ ］ 이라고 합니다.

2 ［ ㅇ ］［ ㅁ ］［ ㅎ ］［ ㄱ ］ 은 사람들이 고장의 자연환경을 이용하여 만든 환경을 말합니다.

1 다음 ☐ 안에 공통으로 들어갈 알맞은 말을 쓰시오.

> 우리 주변을 둘러싸고 있는 산, 하천, 학교 등의 모든 것을 ☐ 이라고 합니다. ☐ 에는 자연환경과 인문환경이 있습니다.

(   )

2 사진을 보고, 자연환경과 인문환경으로 구분하여 각각 기호를 쓰시오.

(가)   (나)   (다)   (라)

↑ 논   ↑ 눈   ↑ 하천   ↑ 항구

(1) 자연환경: (   )   (2) 인문환경: (   )

3 자연환경 중 고장의 날씨에 영향을 주는 것이 <u>아닌</u> 것은 어느 것입니까? (   )

① 눈   ② 비   ③ 기온   ④ 다리   ⑤ 바람

4 우리 고장의 환경을 살펴보는 방법으로 알맞은 것은 무엇입니까? (   )

① 국어사전을 찾아본다.
② 역사 신문을 찾아본다.
③ 학급 게시판을 살펴본다.
④ 다른 고장에 사는 친구에게 물어본다.
⑤ 고장의 시청·군청·구청 누리집을 방문한다.

오늘의
핵심

❶ 사람이 만들지 않은 자연 그대로의 환경을 무엇이라고 합니까? 답☐

❷ 고장에서는 도로, 공장과 같은 (**인문환경** · 자연환경)을 볼 수 있습니다.

❸ 디지털 영상 지도를 활용하면 고장의 환경을 살펴볼 수 있습니다. (O · X)

환경에 따른 고장 사람들의 생활 모습

땅의 생김새와 계절에 따라 고장 사람들의 생활 모습이 달라집니다.

1. 땅의 생김새에 따른 고장 사람들의 생활 모습

산	나물이나 약초를 얻거나, 산림욕장이나 등산로를 만들어 이용합니다.
들	논과 밭을 만들어 농사를 짓거나 도로와 아파트, 공장 등을 만듭니다.
하천	하천의 물을 생활용수와 공업용수로 이용하고, 하천 주변에 산책로를 만들어 이용합니다.
바다	물고기를 잡거나 기르고, 바다에 염전을 만들어 소금을 얻습니다.

2. 계절에 따른 고장 사람들의 생활 모습

봄	산이나 공원으로 꽃구경을 가고, 논에서 모내기를 합니다.
여름	얇은 옷을 입고, 바다나 수영장에서 물놀이를 즐깁니다.
가을	논과 밭에서 곡식이나 채소를 수확하고, 단풍 구경을 갑니다.
겨울	두꺼운 옷을 입고, 스키나 썰매 등 겨울 스포츠를 즐깁니다.

① 고장에서 볼 수 있는 땅의 생김새

디지털 영상 지도를 통해 강원특별자치도 양양군의 땅의 생김새를 살펴볼 수 있어.

산

들

하천

바다

이 고장에는 주변보다 높이 솟은 땅인 산, 넓고 평평한 땅인 들, 흐르는 물줄기인 하천, 그리고 넓은 바다가 있구나.

② 땅의 생김새에 따른 고장 사람들의 생활 모습

산을 이용하는 모습

산에서 나물이나 약초를 얻거나, *산림욕장이나 등산로 등과 같이 산을 이용하는 데 편리한 시설을 만듭니다.

*산림욕장: 건강을 위하여 맑은 공기를 마시고 산책 및 체력 단련을 할 수 있도록 만든 숲

들을 이용하는 모습

들에 논과 밭을 만들어 농사를 짓거나 도로와 아파트, 공장 등을 만듭니다.

> 고장 사람들은 산, 들, 하천, 바다 등을 다양하게 이용하며 살아가고, 자연환경을 바탕으로 생활에 편리한 시설을 만들기도 해.

하천을 이용하는 모습

하천의 물을 *생활용수와 *공업용수로 이용하고, 하천 주변에 산책로를 만들어 이용하기도 합니다.

*생활용수: 목욕, 청소, 세탁 등 일상생활에서 사용되는 물
*공업용수: 공장에서 제품을 생산할 때 사용되는 물

바다를 이용하는 모습

바다에서 물고기를 잡거나 기릅니다.

바다에 *염전을 만들어 소금을 얻습니다.

> 고장의 땅의 생김새가 다르면 그 고장 사람들의 생활 모습도 다르구나!

*염전: 소금을 만들기 위하여 바닷물을 끌어 들여 논처럼 만든 곳

③ 계절별 날씨를 나타내는 그래프 읽기

고장의 계절별 기온과 *강수량을 나타낸 *그래프를 보면, 계절에 따라 고장의 날씨가 어떻게 달라지는지 알 수 있어.

*강수량: 일정 기간 동안 일정한 곳에 내린 눈, 비 등의 양
*그래프: 자료를 한눈에 알아볼 수 있도록 나타낸 직선이나 곡선

우리 고장의 기온 ①

②기온(℃)

25

20

15 ─ 15

10 ─ 12

5

0 ─ 1

4(봄) 7(여름) 10(가을) 1(겨울) (월)

(기상청, 1991~2020년 평균값, 장흥군)

일반적으로 3~5월을 봄, 6~8월을 여름, 9~11월을 가을, 12월~2월을 겨울이라고 해.

그래프 읽는 방법

① 그래프가 무엇을 나타내는지 제목을 확인합니다. → '우리 고장의 기온'을 나타내는 그래프입니다.

② 그래프의 가로와 세로가 무엇을 나타내는지 확인합니다. → 그래프의 가로는 '월', 그래프의 세로는 '기온'을 나타냅니다.

③ 그래프에서 눈금 한 칸의 크기가 얼마인지 확인합니다. → 그래프의 세로 눈금 한 칸은 5℃입니다.

④ 각각의 막대가 나타내는 크기를 그래프의 세로에서 확인합니다. → 우리 고장의 4월 기온은 12℃입니다.

기온 그래프 읽기

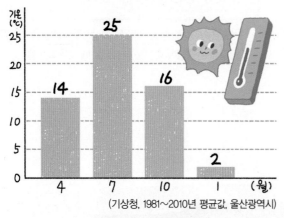

울산광역시의 평균 기온

울산광역시에서 기온이 가장 높은 달은 7월이며, 7월의 기온은 25℃입니다. 기온이 가장 낮은 달은 1월이며, 1월의 기온은 2℃입니다.

울산광역시의 계절별 기온과 강수량 특징을 살펴보니,

강수량 그래프 읽기

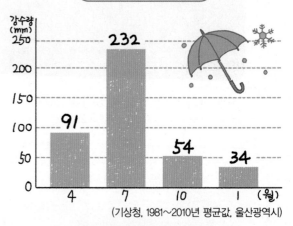

울산광역시의 평균 강수량

울산광역시에서 강수량이 가장 많은 달은 7월이며, 7월의 강수량은 232㎜입니다. 강수량이 가장 적은 달은 1월이며, 1월의 강수량은 34㎜입니다.

여름에는 기온이 높아 덥고, 비가 많이 내려. 겨울에는 기온이 낮아 춥고, 비가 적게 내려.

4 계절에 따른 고장 사람들의 생활 모습

봄

산이나 공원으로 꽃구경을 갑니다.

논에서 *모내기를 합니다.

*모내기: 벼의 싹을 모판에서 어느 정도 키운 다음 논에 옮겨 심는 일

계절에 따라 기온, 강수량이 다르게 나타나고, 이러한 계절의 변화는 고장 사람들의 생활 모습에 영향을 줘.

봄은 날씨가 점점 따뜻해지는 계절이야.

여름

더운 날씨에 얇은 옷을 입고, 바다나 수영장에서 물놀이를 즐깁니다. 선풍기와 에어컨을 사용합니다.

여름은 기온이 매우 높고 비가 많이 내려.

겨울

겨울은 기온이 매우 낮아 추운 날씨가 이어지고 눈이 내리기도 해.

추운 날씨에 두꺼운 옷을 입고, 스키나 썰매 등 겨울 스포츠를 즐깁니다. 난로와 온풍기 등을 사용합니다.

가을

가을은 날씨가 맑고 서늘한 계절이야.

논과 밭에서 곡식이나 채소를 수확합니다.

단풍을 구경하려고 공원과 산을 찾습니다.

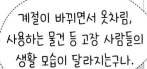
계절이 바뀌면서 옷차림, 사용하는 물건 등 고장 사람들의 생활 모습이 달라지는구나.

개념 정리하기

1. 고장에서 볼 수 있는 땅의 생김새: 산, 들, 하천, 바다 등이 있습니다.

2. 땅의 생김새에 따른 고장 사람들의 생활 모습

산	• 나물이나 약초를 얻습니다. • 산림욕장이나 등산로 등과 같이 산을 이용하는 데 편리한 시설을 만듭니다.
들	• 논과 밭을 만들어 농사를 짓습니다. • 도로와 아파트, 공장 등을 만듭니다.
하천	• 하천의 물을 생활용수와 공업용수로 이용합니다. • 하천 주변에 산책로를 만들어 운동이나 산책을 하는 곳으로 이용합니다.
바다	• 물고기를 잡거나 기릅니다. • 바다에 염전을 만들어 소금을 얻습니다.

↳ 고장 사람들은 산과 들, 하천, 바다 등을 다양하게 이용하며 살아가고, 자연 환경을 바탕으로 생활에 편리한 시설을 만들기도 합니다.

3. 계절별 날씨를 나타내는 그래프를 읽는 방법

① 그래프가 무엇을 나타내는지 제목을 확인합니다.
② 그래프의 가로와 세로가 무엇을 나타내는지 확인합니다.
③ 그래프에서 눈금 한 칸의 크기가 얼마인지 확인합니다.
④ 각각의 막대가 나타내는 크기를 그래프의 세로에서 확인합니다.

4. 계절에 따른 고장 사람들의 생활 모습

봄	• 산이나 공원으로 꽃구경을 갑니다. • 논에서 모내기를 합니다.
여름	더운 날씨에 얇은 옷을 입고, 바다나 수영장에서 물놀이를 즐깁니다.
가을	• 논과 밭에서 곡식이나 채소를 수확합니다. • 단풍을 구경하려고 공원과 산을 찾습니다.
겨울	추운 날씨에 두꺼운 옷을 입고, 스키나 썰매 등 겨울 스포츠를 즐깁니다.

↳ 계절에 따라 날씨가 다르기 때문에 고장 사람들의 생활 모습이 달라집니다.

초성 퀴즈 다음 초성을 보고, 핵심 단어를 위에서 찾아 써 봅시다. | 정답과 해설 2쪽

1 고장 사람들은 산과 들, 바다 등을 이용하여 등산로, 도로, 염전 등 생활에 편리한 ┌ㅅ┐┌ㅅ┐을 만들기도 합니다.

2 고장 사람들은 ┌ㅂ┐에 산이나 공원으로 꽃구경을 가고, 논에서 모내기를 합니다.

문제로확인하기

| 정답과 해설 2쪽

1 다음 보기 에서 고장 사람들이 바다를 이용하는 모습으로 알맞은 것을 모두 골라 기호를 쓰시오.

보기
㉠ 물고기를 잡는다.   ㉡ 도로와 아파트 등을 만든다.
㉢ 산림욕장을 만들어 이용한다.   ㉣ 염전을 만들어 소금을 얻는다.

(   )

2 고장 사람들이 하천을 이용하는 모습으로 알맞은 것은 어느 것입니까? (   )

①    ②    ③    ④

3 다음은 지민이네 고장의 평균 기온을 나타낸 그래프입니다. 기온이 가장 높은 달과 기온이 가장 낮은 달은 언제인지 각각 쓰시오.

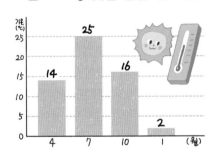

(1) 기온이 가장 높은 달: (   )
(2) 기온이 가장 낮은 달: (   )

4 우리 고장에서 사진과 같은 생활 모습을 볼 수 있는 계절은 언제입니까? (   )

① 봄
② 여름
③ 가을
④ 겨울
⑤ 사계절 내내

오늘의 핵심

❶ 고장 사람들은 (산 · 바다)에 등산로를 만들어 이용하고, (산 · 바다)에 염전을 만들어 소금을 얻습니다.

❷ 우리나라의 계절 중 고장 사람들이 더위를 피해 바다나 수영장에서 물놀이를 즐기는 계절은 언제입니까? 답 (   )

고장 사람들이 하는 일

고장 사람들은 그 고장의 자연환경과 인문환경을 이용한 일을 하며 살아갑니다.

논과 밭이 펼쳐진 고장	• 논과 밭에서 곡식과 채소 등을 재배합니다. • 농기계를 팔거나 수리합니다.
도시	• 회사나 공장에서 일합니다. • 가게나 백화점에서 물건이나 음식을 팝니다.
바다가 있는 고장	• 바다에서 물고기를 잡거나 김, 미역 등을 기릅니다. • 배나 고기잡이 도구를 팔거나 고칩니다.
산이 많은 고장	• 계단식 논과 밭에서 농사를 짓습니다. • 목장을 만들어 소, 양 등 가축을 기릅니다.

❶ 넓은 들이 있는 고장에서 사람들이 하는 일

넓은 들이 있는 고장에서는 넓은 들을 논과 밭으로 만들어 이용해.

들이 펼쳐진 곳에 많은 사람이 모이고 여러 시설이 생기면서 도시가 발달하기도 해.

도시에서는 아파트와 높은 건물, 도로·다리 등의 교통 시설, 공장 등 많은 인문환경을 볼 수 있어.

★ 논과 밭이 펼쳐진 고장

논과 밭이 있는 고장의 사람들은 주로 논과 밭에서 곡식과 채소 등을 재배하거나 가축을 기르는 일을 해.

논과 밭에서 농사를 짓습니다.

소, 돼지 등의 가축을 기릅니다.

비닐하우스를 지어 채소나 과일을 재배합니다.

농기계를 팔거나 수리합니다.

이 밖에도 농업 기술을 연구하고 알려 주는 일을 하는 사람도 있어.

도시에 사는 사람들은 많은 인문환경을 활용하여 다양한 일을 하고 있어.

★ 도시

회사에서 일을 합니다.

공장에서 물건을 만듭니다.

식당에서 음식을 만들어 파는 사람처럼 도시에는 사람들이 편리하게 생활할 수 있도록 도와주는 일을 하는 사람이 많아.

가게나 백화점에서 물건을 팝니다.

버스나 택시, 지하철 등을 운전합니다.

❷ 바다가 있는 고장에서 사람들이 하는 일

 바다가 있는 고장에 사는 사람들은 바다를 이용해 주로 물고기를 잡거나 김과 미역을 기르는 일을 해.

 사람들은 배를 안전하게 대기 위한 시설, 수산물 보관 창고, 양식장, 등대, 방파제 등의 시설을 만들었어.

 바다에서 물고기를 잡습니다.

마을 주변의 땅을 일구어 농사를 짓습니다.

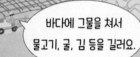 바다에 그물을 쳐서 물고기, 굴, 김 등을 길러요.

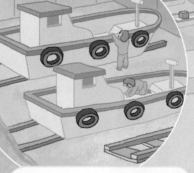 배나 고기잡이 도구를 팔거나 고칩니다.

 ✽직판장에서 신선한 물고기를 팔아요.

 ✽직판장: 생산자가 소비자에게 직접 판매하는 장소

 바닷속에 들어가서 해산물을 잡습니다.

 바다가 있는 고장에 사는 사람들은 항구 근처에서 관광객들을 위해 식당이나 숙박 시설 등을 운영하기도 해.

❸ 산이 많은 고장에서 사람들이 하는 일

산이 많은 고장에서 사는 사람들은 산비탈과 울창한 숲을 이용해 일을 해.

겨울에 눈이 많이 내리는 곳에서는 산비탈을 이용해 스키장을 만들기도 해.

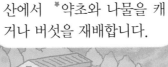

산에서 *약초와 나물을 캐 거나 버섯을 재배합니다.

목장을 만들어 소, 양 등을 기릅니다.

스키장 주변에서 식당이나 숙박 시설, 장비 대여점을 운영합니다.

계단식 논과 밭에서 농사를 짓습니다.

산이 많은 고장에 사는 사람들은 숲에서 나무를 얻거나 꿀을 얻기 위해 벌을 기르기도 해.

*약초: 약으로 쓰는 풀

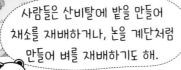

사람들은 산비탈에 밭을 만들어 채소를 재배하거나, 논을 계단처럼 만들어 벼를 재배하기도 해.

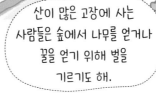

개념 정리하기

1. 고장 사람들이 하는 일

<table>
<tr><td rowspan="2">넓은 들이
있는 고장
사람들이
하는 일</td><td>논과 밭이
펼쳐진 고장</td><td>
• 넓은 들을 논으로 만들어 곡식을 재배합니다.
• 넓은 들에 밭을 일구어 여러 가지 채소를 재배합니다.
• 비닐하우스를 지어 채소나 과일을 재배합니다.
• 소, 돼지 등의 가축을 기릅니다.
• 농기계를 팔거나 수리합니다.
• 농업 기술을 연구하고 알려 주는 일을 하기도 합니다.</td></tr>
<tr><td>도시</td><td>
• 회사에서 일합니다.
• 공장에서 물건을 만듭니다.
• 가게나 백화점에서 물건이나 음식을 팝니다.
• 버스나 택시, 지하철 등을 운전하기도 합니다.</td></tr>
<tr><td colspan="2">바다가 있는 고장
사람들이 하는 일</td><td>
• 바다에서 물고기를 잡습니다.
• 바다에 그물을 쳐서 물고기, 김, 미역 등을 기릅니다.
• 바닷속에 들어가서 멍게, 해삼 등 해산물을 잡습니다.
• 마을 주변에 땅을 일구어 농사를 짓습니다.
• 배나 고기잡이 도구를 팔거나 고칩니다.
• 항구 근처에서 식당이나 숙박 시설, 직판장을 운영하기도
  합니다.</td></tr>
<tr><td colspan="2">산이 많은 고장
사람들이 하는 일</td><td>
• 경사진 밭에서 채소를 재배합니다.
• 계단식 논과 밭에서 농사를 짓습니다.
• 산에서 약초와 나물을 캐거나 버섯을 재배합니다.
• 목장을 만들어 소, 양 등 가축을 기릅니다.
• 숲에서 나무를 얻거나 꿀을 얻기 위해 벌을 기릅니다.
• 눈이 많이 내리는 곳에서는 산비탈을 이용해 스키장을 만들
  고, 그 주변에서 식당이나 숙박 시설을 운영하기도 합니다.</td></tr>
</table>

2. 고장의 환경과 사람들이 하는 일과의 관계: 고장 사람들은 그 고장의 자연환경과 인문환경을 이용한 일을 하며 살아갑니다.

초성 퀴즈 **다음 초성을 보고, 핵심 단어를 위에서 찾아 써 봅시다.**

| 정답과 해설 2쪽

1 넓은 들이 있는 고장에 사는 사람들은 넓은 들을 ㄴ 으로 만들어 곡식을 재배합니다.

2 ㅂ ㄷ 가 있는 고장에 사는 사람들은 주로 물고기를 잡거나 김과 미역 등을 기르는 일을 합니다.

3 ㅅ 이 많은 고장에 사는 사람들은 목장을 만들어 가축을 기르고, 약초와 나물을 캐기도 합니다.

1 다음과 같은 일을 하는 사람들이 사는 고장은 어디입니까? ( )

> • 논과 밭에서 주로 곡식과 채소 등을 재배합니다.
> • 농기계를 팔거나 고치는 일, 농업 기술을 연구하고 알려 주는 일 등을 합니다.

① 도시
② 산이 많은 고장
③ 바다가 있는 고장
④ 호수가 있는 고장
⑤ 논과 밭이 펼쳐진 고장

2 도시에 사는 사람들이 주로 하는 일로 알맞은 것을 골라 기호를 쓰시오.

(가)　　　　　　(나)　　　　　　(다)

( )

3 다음 □ 안에 공통으로 들어갈 알맞은 말을 쓰시오.

> □□□□가 있는 고장에 사는 사람들은 주로 배를 타고 □□□에 나가 물고기를 잡거나 김, 미역 등을 기르는 일을 합니다.

( )

4 다음 사진의 고장에 사는 사람들이 주로 하는 일로 알맞지 <u>않은</u> 것은 어느 것입니까? ( )

① 버섯을 재배한다.
② 목장에서 소를 기른다.
③ 산비탈에 논을 만들어 농사를 짓는다.
④ 배나 고기잡이 도구를 팔거나 고친다.
⑤ 스키장 주변에서 식당이나 숙박 시설을 운영한다.

오늘의 핵심

❶ (도시 · 논과 밭이 펼쳐진 고장)에 사는 사람들은 소, 돼지 등 가축을 기르는 일을 하기도 합니다.

❷ 고장 사람들은 그 고장의 환경을 이용한 일을 하며 살아갑니다. (O · X)

고장 사람들의 여가 생활 모습

사람들은 주로 고장의 자연환경과 인문환경을 이용하여 다양한 여가 생활을 합니다.

1. **여가 생활**: 스스로 즐거움을 얻으려고 남는 시간에 하는 자유로운 활동을 말합니다.

2. **다양한 여가 생활의 모습**

자연환경을 이용한 여가 생활	• 숲이 우거진 산으로 등산을 갑니다. • 산에서 패러글라이딩을 합니다. • 산에서 가족과 함께 캠핑을 합니다. • 하천에서 물길을 따라 래프팅을 합니다. • 하천이나 바다에서 낚시를 합니다.
인문환경을 이용한 여가 생활	• 박물관에서 다양한 유물을 관람합니다. • 영화관에서 영화를 관람합니다. • 운동장에서 친구들과 함께 축구를 합니다. • 수영장에서 수영을 합니다. • 공원에서 산책을 합니다.

❶ 여가 생활의 의미

② 자연환경을 이용한 여가 생활

등산

숲이 우거진 산으로 등산을 갑니다.

고장 사람들은 산이나 강, 바다 등의 자연환경을 이용해 여가 생활을 즐기고 있어.

등산과 패러글라이딩, 캠핑은 자연환경 중에서 산을 이용한 여가 생활이야.

패러글라이딩

산에서 *패러글라이딩을 합니다.

*패러글라이딩: 높은 산에서 특수한 낙하산을 메고 뛰어내려 하늘을 나는 스포츠

캠핑

산에서 가족과 함께 캠핑을 합니다.

래프팅

하천에서 물길을 따라 *래프팅을 합니다.

*래프팅: 여러 사람이 고무보트를 타고 빠른 물살을 헤쳐 나가는 운동

낚시

하천이나 바다에서 낚시를 합니다.

바다에서 낚시를 하고 싶은데 우리 고장에 바다가 없다면 사람들은 어떻게 할까?

바다가 있는 다른 고장으로 낚시를 하러 가면 돼.

3 인문환경을 이용한 여가 생활

박물관, 영화관, 운동장, 수영장, 공원 등 사람들이 만든 시설을 이용하는 경우가 인문환경을 이용한 여가 생활에 포함돼.

박물관 관람

박물관에서 다양한 유물을 관람합니다.

영화 감상

영화관에서 영화를 관람합니다.

축구

운동장에서 친구들과 함께 축구를 합니다.

실내 수영

수영장에서 수영을 합니다.

공원 산책

공원에서 산책을 합니다.

사람마다 하고 싶은 것도 다르고, 살고 있는 고장의 환경도 다르기 때문에 사람들의 여가 생활 모습이 다르구나.

4 고장 사람들의 여가 생활 모습 조사하기

독서는 정말 재미있어.

산 정상이 보여.

친구는 평소에 도서관에서 책을 읽거나 등산을 주로 하나봐.

❶ 평소 즐기는 여가 생활이 무엇인지 떠올려 봅니다.

나는 가족과 바다에서 물놀이를 했어.

나는 공원에서 자전거를 탔어.

❷ 모둠 친구들의 여가 생활 모습과 고장의 환경에 대해 이야기해 봅니다.

표로 정리하니 친구들이 고장의 어떤 환경을 이용해 여가 생활을 즐기는지 한눈에 알 수 있구나.

❸ 모둠별로 친구들의 여가 생활 모습을 표나 그림그래프로 정리합니다.

❹ 여가 생활 모습을 발표하고, 새롭게 알게 된 점이나 느낀 점을 이야기해 봅니다.

친구들은 고장의 자연환경과 인문환경을 이용해 다양한 여가 생활을 즐기고 있구나.

표

친구들의 여가 생활 모습

이름	여가 생활	장소	이용한 환경
김○○	독서	도서관	인문환경
이◇◇	등산	산	자연환경
최☆☆	자전거 타기	공원	인문환경
정△△	물놀이	바다	자연환경

그림그래프

자연환경을 이용한 여가 생활	인문환경을 이용한 여가 생활
 ↑ 등산	 ↑ 독서
 ↑ 물놀이	 ↑ 자전거 타기

개념 정리하기

1. 여가 생활의 의미와 특징

의미	여가 생활은 스스로 즐거움을 얻으려고 남는 시간에 하는 자유로운 활동을 말합니다.
특징	• 사람들은 주로 고장의 자연환경과 인문환경을 이용하여 다양한 여가 생활을 합니다. • 자신이 살고 있는 고장의 환경에서 원하는 여가 생활을 하지 못할 때에는 다른 고장으로 이동하여 즐길 수도 있습니다.

2. 다양한 여가 생활의 모습

자연환경을 이용한 여가 생활	• 숲이 우거진 산으로 등산을 갑니다. • 산에서 패러글라이딩을 합니다. • 산에서 가족과 함께 캠핑을 합니다. • 하천에서 물길을 따라 래프팅을 합니다. • 하천이나 바다에서 낚시를 합니다.
인문환경을 이용한 여가 생활	• 박물관에서 다양한 유물을 관람합니다. • 영화관에서 영화를 관람합니다. • 운동장에서 친구들과 함께 축구를 합니다. • 수영장에서 수영을 합니다. • 공원에서 산책을 합니다.

3. 고장 사람들의 여가 생활 모습 조사하기

❶ 평소 즐기는 여가 생활이 무엇인지 떠올려 봅니다.

❷ 모둠 친구들의 여가 생활 모습과 고장의 환경에 대해 이야기해 봅니다.

❸ 모둠별로 친구들의 여가 생활 모습을 표나 그림그래프로 정리합니다.

❹ 여가 생활 모습을 발표하고, 새롭게 알게 된 점이나 느낀 점을 이야기해 봅니다.

초성 퀴즈 다음 초성을 보고, 핵심 단어를 위에서 찾아 써 봅시다. | 정답과 해설 3쪽

1 ㅇㄱㅅㅎ 은 스스로 즐거움을 얻으려고 남는 시간에 하는 자유로운 활동을 말합니다.

2 숲이 우거진 산으로 등산을 가는 것은 ㅈㅇㅎㄱ 을 이용한 여가 생활입니다.

1 다음 [ ] 안에 들어갈 알맞은 말을 쓰시오.

> [   ]은 스스로 즐거움을 얻으려고 남는 시간에 하는 자유로운 활동을 말합니다.

(   )

2 다음은 자연환경과 인문환경 중 어떤 환경을 이용한 여가 생활 모습인지 쓰시오.

↑ 래프팅   ↑ 낚시   (   )

3 자연환경을 이용한 여가 생활을 즐긴 어린이는 누구입니까? (   )

① 지후: 도서관에서 책을 읽었어.   ② 예인: 운동장에서 축구를 했어.
③ 태민: 바다에서 물놀이를 했어.   ④ 소은: 영화관에서 영화를 감상했어.
⑤ 수진: 박물관에서 유물을 관람했어.

4 다음 보기 에서 고장 사람들의 여가 생활 모습을 조사할 때 가장 먼저 해야 할 일을 골라 기호를 쓰시오.

> 보기
> ㉠ 평소 즐기는 여가 생활이 무엇인지 떠올려 본다.
> ㉡ 모둠별로 친구들의 여가 생활 모습을 표나 그림그래프로 정리한다.
> ㉢ 모둠 친구들의 여가 생활 모습과 고장의 환경에 대해 이야기해 본다.
> ㉣ 여가 생활 모습을 발표하고, 새롭게 알게 된 점이나 느낀 점을 이야기해 본다.

(   )

 오늘의 핵심

❶ 고장 사람들은 그 고장의 자연환경과 인문환경만을 이용해 여가 생활을 합니다.
(O . X)

❷ 수영장에서 수영을 하는 것은 (인문환경 . 자연환경)을 이용한 여가 생활입니다.

환경에 따라 다른 의생활 모습

고장 사람들의 의생활 모습은 계절과 날씨에 따라 달라집니다.

1. **의식주**: 사람이 살아가는 데 기본적으로 필요한 옷(의), 음식(식), 집(주)을 통틀어 말합니다.

2. **계절과 날씨에 따라 달라지는 옷차림**: 고장 사람들은 여름에는 더위를 피할 수 있는 옷차림, 겨울에는 추위를 막기 위한 옷차림을 합니다.

3. **세계 여러 고장 사람들의 의생활 모습**

사막이 있는 고장	뜨거운 햇볕과 모래바람을 막기 위해 온몸을 감싸는 긴 옷을 입고 머리에는 천을 둘러 감습니다.
덥고 습한 고장	더위를 피하려고 바람이 잘 통하는 얇고 긴 옷을 입고, 챙이 넓은 모자를 써 햇볕과 비를 피합니다.
낮과 밤의 기온 차가 큰 고장	낮의 뜨거운 햇볕과 밤의 추위를 견딜 수 있도록 망토 같은 긴 옷을 걸치고 모자를 씁니다.
춥고 눈이 많이 오는 고장	추위로부터 몸을 보호하려고 동물의 털과 가죽으로 만든 두꺼운 옷을 입습니다.

❶ 의식주의 의미

사람이 살아가는 데 기본적으로 필요한 옷(의), 음식(식), 집(주)을 통틀어 의식주라고 해.

의

모자, 장갑, 신발도 몸을 보호하는 옷의 종류에 포함돼.

식

옷은 피부를 보호하고 몸의 온도를 유지하기 위해 필요합니다.

주

의식주는 왜 꼭 필요할까요?

음식은 활동에 필요한 영양분을 얻기 위해 필요합니다.

집은 안전하고 편안하게 잠을 자고 쉬기 위해 필요합니다.

② 계절과 날씨에 따라 달라지는 옷차림

 여름에는 덥기 때문에 땀이 잘 흡수되고 잘 마르는 옷을 입어.

봄

날이 점차 따뜻해지면서 얇은 옷을 입거나 가벼운 외투를 걸칩니다.

여름

짧은 옷이나 바람이 잘 통하는 재료로 만든 옷을 입고, 모자를 쓰기도 합니다.

가을

날이 점차 쌀쌀해지면서 옷을 여러 겹 껴입거나 가벼운 외투를 입습니다.

낮에는 온도가 올라가지만, 아침과 저녁에는 선선하니깐 걸옷을 입어.

겨울

두꺼운 긴팔 옷을 입고, 장갑을 끼거나 목도리를 두르기도 합니다.

 고장 사람들의 *의생활 모습은 계절에 따라 달라져.

*의생활: 몸을 보호하거나 멋을 내기 위하여 입는 옷과 관련된 생활

❸ 고장의 날씨에 따라 달라지는 옷차림

강원특별자치도 평창에 사는 지민이와 제주도에 사는 민재의 옷차림이 서로 다르네?

평창

9월에 아침과 저녁에는 서늘하니깐 긴팔 옷을 입고 가야지.

제주

민재야. 똑같은 9월인데 제주도는 참 따뜻하다.

지민아, 안녕!

그렇지? 여기는 아직 따뜻해. 그래서 나는 반팔 옷을 입고 있어.

같은 계절인데도 고장에 따라 날씨가 달라서 사람들의 옷차림이 달라지기도 하는구나.

❹ 세계 여러 고장 사람들의 의생활 모습

사막이 있는 고장 - 이집트

일 년 내내 비가 거의 내리지 않고, 모래사막이 넓게 펼쳐져 있어 모래바람이 자주 붑니다.

＊**사막**: 비나 눈이 적게 내려 물이 부족하여 풀이나 나무가 자라기 어려운 땅

뜨거운 햇볕과 모래바람을 막기 위해 온몸을 감싸는 긴 옷을 입고 머리에는 천을 둘러 감습니다.

덥고 습한 고장 – 베트남

 베트남의 전통 모자인 '논라'는 대나무와 야자수 잎을 엮어서 만들어.

바람이 잘 통하는 얇고 긴 옷을 입고, 챙이 넓은 모자를 써 햇볕과 비를 피합니다.

더위를 피하기 위해 짧은 반팔 옷을 입기도 해.

일 년 내내 날씨가 덥고, 비가 많이 내려 습합니다. 나무가 많고 숲이 우거져 있습니다.

세계 여러 고장의 의생활 모습도 각 고장의 날씨에 따라 다양하게 나타나는구나.

낮과 밤의 기온 차가 큰 고장 – 페루

낮의 뜨거운 햇볕과 밤의 추위를 견딜 수 있도록 망토 같은 긴 옷을 걸치고 모자를 씁니다.

높은 산이 있고, 낮에 뜨거운 햇볕이 내리쬡니다.

날씨가 춥고 눈이 많이 오는 고장 – 캐나다

일 년 내내 날씨가 춥고, 눈이 많이 내려 눈과 얼음으로 뒤덮여 있습니다.

더운 고장에서는 얇은 옷을, 추운 고장에서는 두꺼운 옷을 입는 걸 보니 고장의 환경에 따라 옷의 재료와 두께가 달라지네.

추위로부터 몸을 보호하려고 동물의 털과 가죽으로 만든 두꺼운 옷을 입습니다.

개념 정리하기

1. **의식주**: 사람이 살아가는 데 기본적으로 필요한 옷, 음식, 집을 통틀어 말합니다.

의(옷)	피부를 보호하고 몸의 온도를 유지시켜 줍니다.
식(음식)	활동에 필요한 영양분을 줍니다.
주(집)	안전하고 편안하게 잠을 자고 쉴 수 있게 해 줍니다.

2. 계절과 날씨에 따라 달라지는 옷차림

봄	날이 점차 따뜻해지면서 얇은 옷을 입거나 가벼운 외투를 걸칩니다.
여름	더위를 피하려고 짧은 옷이나 바람이 잘 통하는 재료로 만든 옷을 입고, 햇볕을 막으려고 모자를 쓰기도 합니다.
가을	날이 점차 쌀쌀해지면서 옷을 여러 겹 껴입거나 가벼운 외투를 입습니다.
겨울	추위를 막으려고 두꺼운 긴팔 옷을 입고, 장갑을 끼거나 목도리를 두르기도 합니다.

3. 고장의 날씨에 따라 달라지는 옷차림 예 9월 중순

강원특별자치도 평창군	아침저녁으로 날씨가 서늘해서 사람들이 긴팔 옷을 입습니다.
제주특별자치도	더운 날씨 때문에 사람들이 반팔 옷을 입습니다.

4. 세계 여러 고장 사람들의 의생활 모습

사막이 있는 고장 – 이집트	뜨거운 햇볕과 모래바람을 막기 위해 온몸을 감싸는 긴 옷을 입고 머리에는 천을 둘러 감습니다.
덥고 습한 고장 – 베트남	더위를 피하려고 바람이 잘 통하는 얇고 긴 옷을 입고, 챙이 넓은 모자를 써 햇볕과 비를 피합니다.
낮과 밤의 기온 차가 큰 고장 – 페루	낮의 뜨거운 햇볕과 밤의 추위를 견딜 수 있도록 망토 같은 긴 옷을 걸치고 모자를 씁니다.
춥고 눈이 많이 오는 고장 – 캐나다	추위로부터 몸을 보호하려고 동물의 털과 가죽으로 만든 두꺼운 옷을 입습니다.

초성 퀴즈 다음 초성을 보고, 핵심 단어를 위에서 찾아 써 봅시다.
| 정답과 해설 3쪽

1 사람이 살아가는 데 기본적으로 필요한 옷, 음식, 집을 통틀어 ㅇ ㅅ ㅈ 라고 합니다.

2 ㅅ ㅁ 이 있는 고장의 사람들은 뜨거운 햇볕과 모래바람을 막기 위해 온몸을 감싸는 긴 옷을 입고 머리에는 천을 둘러 감습니다.

1 다음 ☐ 안에 들어갈 알맞은 말을 쓰시오.

사람이 살아가려면 몸을 보호하기 위한 옷과 영양분을 얻기 위한 음식이 필요합니다. 또한 안전하고 편안하게 쉴 수 있는 집도 필요합니다. 이와 같은 것들을 ☐ 라고 합니다.

(   )

2 우리 고장 사람들의 여름철 옷차림으로 알맞은 것을 <u>두 가지</u> 고르시오.

(,   )

① 두꺼운 옷을 입는다.
② 옷을 여러 겹 껴입는다.
③ 햇볕을 막는 모자를 쓴다.
④ 장갑을 끼고 목도리를 두른다.
⑤ 바람이 잘 통하는 재료로 만든 옷을 입는다.

3 다음 밑줄 친 '이 나라'는 어디입니까? (   )

<u>이 나라</u>는 덥고 비가 많이 내리기 때문에 사람들은 바람이 잘 통하는 얇고 긴 옷을 입고, 챙이 넓은 모자를 씁니다.

① 페루   ② 베트남   ③ 이집트   ④ 캐나다   ⑤ 이탈리아

4 페루 사람들이 다음과 같은 옷차림을 하는 까닭은 무엇입니까? (   )

① 눈이 많이 오기 때문에
② 비가 많이 내리기 때문에
③ 사막의 뜨거운 햇볕 때문에
④ 낮과 밤의 기온 차가 크기 때문에
⑤ 주변이 얼음으로 뒤덮여 있기 때문에

오늘의 핵심

❶ 고장 사람들의 의생활 모습은 계절과 날씨에 따라 달라집니다. (O . X)

❷ 날씨가 (덥고 . 춥고) 눈이 많이 내리는 고장의 사람들은 동물의 털과 가죽으로 만든 두꺼운 옷을 입습니다.

환경에 따라 다른 식생활 모습

고장의 음식은 대체로 각 고장의 자연환경에 맞게 발달해 왔습니다.

1. 고장마다 발달한 대표적인 음식

- 평양 – 평양냉면
- 영월 – 감자 옹심이
- 전주 – 전주 비빔밥
- 영덕 – 대게찜
- 보성 – 꼬막무침
- 제주 – 성게국

2. 세계 여러 고장 사람들의 식생활 모습

날씨가 덥고 습한 고장	• 벼농사가 활발하여 쌀을 이용한 음식이 발달하였습니다. • 주변에서 쉽게 구할 수 있는 망고, 파인애플과 같은 열대 과일을 이용한 음식이 많습니다.
날씨가 춥고 눈이 많이 내리는 고장	말린 음식과 추운 곳에서도 잘 자라는 호밀을 이용한 음식이 많습니다.
바다가 가까운 고장	생선, 조개 등이 많이 잡히기 때문에 해산물을 이용한 음식이 많습니다.
산이 많은 고장	젖소를 많이 키워 여러 종류의 치즈를 이용한 음식과 옥수수나 감자로 만든 음식이 많습니다.

① 고장에서 나는 음식 재료

들이 펼쳐진 고장

▲ 벼

▲ 가지

바다가 있는 고장

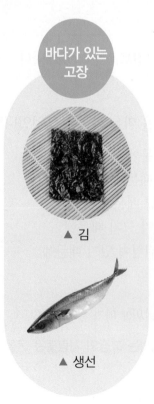

▲ 김

▲ 생선

산이 많은 고장

▲ 산나물

▲ 버섯

들이 펼쳐진 고장에서는 곡식과 채소 등의 농산물이, 바다가 있는 고장에서는 김과 생선 등의 해산물이 나. 또한 산이 많은 고장에서는 나물이나 버섯과 같은 재료들이 나.

② 고장마다 발달한 대표적인 음식

날씨가 서늘한 고장에서는 메밀이나 감자가 잘 자라니까 이를 이용한 음식이 발달했어.

평양의 평양냉면

평양은 날씨가 서늘하고 비가 많이 내리지 않아 메밀을 많이 재배하며, 메밀로 만든 냉면이 유명합니다.

영월의 감자 옹심이

영월은 산지가 많고 날씨가 서늘하여 감자를 많이 재배하며, 감자를 새알심으로 만든 감자 옹심이가 유명합니다.

영월에서는 산골짜기에서 잘 자라는 곤드레나물을 이용한 곤드레나물밥을 즐겨 먹기도 해.

전주의 전주비빔밥

전주는 주변의 넓은 들과 산에서 쌀과 채소를 쉽게 구할 수 있고 장맛도 좋아 비빔밥이 유명합니다.

영덕의 대게찜

영덕은 *수심이 깊은 주변 바다에서 대게가 많이 잡히며, 대게를 이용한 음식이 많습니다.

**수심: 하천, 바다 등의 물의 깊이

보성의 꼬막무침

보성은 *갯벌이 넓게 펼쳐져 있어 꼬막이 많이 잡히며, 꼬막을 이용한 음식이 유명합니다.

**갯벌: 바닷물이 빠져나갈 때 드러나는 넓고 평평한 땅

제주의 성게국

주변 바다에서 해산물이 많이 잡히는 제주도에서는 해산물을 이용한 음식이 많습니다.

고장의 환경에 따라 고장에서 나는 재료가 다르니까 고장 사람들이 즐겨 먹는 음식도 다르구나.

③ 세계 여러 고장 사람들의 *식생활 모습

*식생활: 음식과 관련된 생활

날씨가 덥고
습한 고장

날씨가 더워 음식이 상하는 것을 막기 위해 기름이나 *향신료를 넣어 음식을 만들기도 해.

벼농사가 활발하여 쌀을 이용한 음식과 주변에서 쉽게 구할 수 있는 망고, 파인애플 등 열대 과일을 이용한 음식이 많습니다.

↑ 인도네시아의 나시고렝은 밥에 닭고기, 채소 등을 넣어 볶은 음식입니다.

↑ 타이의 파인애플 볶음밥은 파인애플, 향신료 등을 넣어 볶은 음식입니다.

*향신료: 고추, 후추와 같이 음식에 맵거나 향기로운 맛을 더하는 재료

날씨가 춥고
눈이 많이
내리는 고장

날씨가 추워 과일이나 채소를 기르기 어렵기 때문에 고기나 생선을 오래 보관할 수 있도록 말린 음식이 발달하였어.

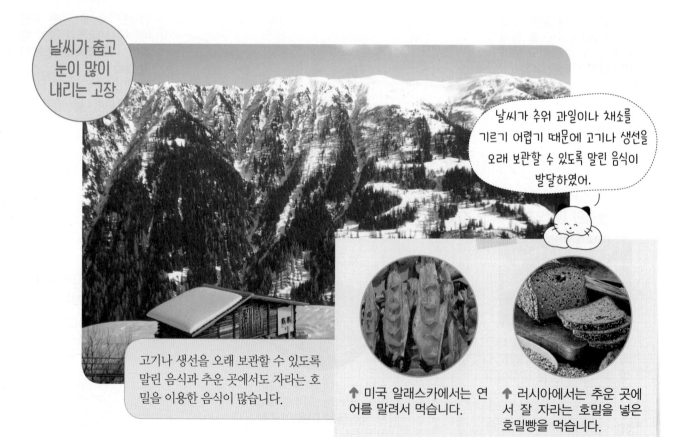

고기나 생선을 오래 보관할 수 있도록 말린 음식과 추운 곳에서도 자라는 호밀을 이용한 음식이 많습니다.

↑ 미국 알래스카에서는 연어를 말려서 먹습니다.

↑ 러시아에서는 추운 곳에서 잘 자라는 호밀을 넣은 호밀빵을 먹습니다.

바다가 가까운
고장

주변 바다에서 생선, 조개 등이 많이 잡히기 때문에 해산물을 이용한 음식이 많습니다.

세계 여러 고장에 살고 있는 사람들의 식생활 모습도 자연환경에 따라 다양하게 나타나는구나.

↑ 일본의 초밥은 밥에 얇게 저민 생선을 얹어 먹는 음식입니다.

↑ 페루의 세비체는 생선 살, 오징어 등을 얇게 잘라 레몬즙에 재운 후 차갑게 먹는 샐러드입니다.

산이 많은 고장

젖소를 많이 키워 여러 종류의 치즈를 이용한 음식이 많습니다. 높은 산에서도 잘 자라는 옥수수나 감자로 만든 음식도 많습니다.

↑ 스위스의 퐁뒤는 빵, 고기, 과일을 긴 꼬챙이에 끼워 치즈를 녹인 소스에 찍어 먹는 음식입니다.

↑ 이탈리아의 카프레제는 모차렐라 치즈에 토마토, 바질을 넣어 만든 샐러드입니다.

개념 정리하기

1. 고장에서 나는 음식 재료: 들이 펼쳐진 고장에서는 곡식과 채소 등의 농산물이, 바다가 있는 고장에서는 김과 생선 등의 해산물이, 산이 많은 고장에서는 나물이나 버섯과 같은 재료들이 납니다.

2. 고장마다 발달한 대표적인 음식

구분	발달한 음식	발달한 까닭
평양	평양냉면	날씨가 서늘하고 비가 많이 내리지 않아 메밀을 많이 재배합니다.
영월	감자 옹심이	산지가 많고 날씨가 서늘하여 감자를 많이 재배합니다.
전주	전주비빔밥	주변의 넓은 들과 산에서 쌀과 채소를 쉽게 구할 수 있고 장맛도 좋습니다.
영덕	대게찜	수심이 깊은 주변 바다에서 대게가 많이 잡힙니다.
보성	꼬막무침	갯벌이 넓게 펼쳐져 있어 꼬막이 많이 잡힙니다.
제주	성게국	주변 바다에서 해산물이 많이 잡힙니다.

↳ 고장마다 발달한 음식이 다른 까닭: 고장의 날씨나 땅의 생김새와 같은 자연환경은 그 고장 사람들의 식생활에 많은 영향을 주기 때문입니다.

3. 세계 여러 고장 사람들의 식생활 모습

날씨가 덥고 습한 고장	• 벼농사가 활발하여 쌀을 이용한 음식이 발달하였습니다. 예 쌀국수 등 • 주변에서 쉽게 구할 수 있는 망고, 파인애플과 같은 열대 과일을 이용한 음식이 많습니다. 예 파인애플 볶음밥 등
날씨가 춥고 눈이 많이 내리는 고장	고기나 생선을 오래 보관할 수 있도록 말린 음식과 추운 곳에서도 잘 자라는 호밀을 이용한 음식이 많습니다. 예 호밀빵 등
바다가 가까운 고장	주변 바다에서 생선, 조개 등이 많이 잡히기 때문에 해산물을 이용한 음식이 많습니다. 예 초밥, 세비체 등
산이 많은 고장	젖소를 많이 키워 여러 종류의 치즈를 이용한 음식과 옥수수나 감자로 만든 음식이 많습니다. 예 퐁뒤, 카프레제 등

초성 퀴즈 다음 초성을 보고, 핵심 단어를 위에서 찾아 써 봅시다. | 정답과 해설 3쪽

1 쌀과 채소를 쉽게 구할 수 있고 장맛도 좋은 전주에서는 ㅂ ㅂ ㅂ 이 유명합니다.

2 ㅂ ㄷ 가 가까운 고장에서는 생선, 조개 등이 많이 잡히기 때문에 해산물을 이용한 음식이 많습니다.

1 다음 ☐ 안에 들어갈 알맞은 말을 쓰시오.

> 평양은 날씨가 서늘하고 비가 많이 내리지 않아 ☐을 많이 재배하며, 이것으로 냉면의 면발을 만듭니다.

(   )

2 다음과 같은 까닭으로 전주에서 유명한 음식은 무엇입니까? (   )

> 주변의 넓은 들과 산에서 쌀과 채소를 쉽게 구할 수 있고 장맛도 좋습니다.

① 대게찜   ② 비빔밥   ③ 성게국   ④ 꼬막무침   ⑤ 감자 옹심이

3 다음 보기 에서 날씨가 덥고 습한 고장 사람들의 식생활 모습으로 알맞은 것을 골라 기호를 쓰시오.

> 보기
> ㉠ 말린 고기를 이용한 음식이 많다.
> ㉡ 옥수수나 감자를 이용한 음식이 많다.
> ㉢ 망고, 파인애플과 같은 열대 과일을 이용한 음식이 많다.

(   )

4 산이 많은 고장에서 다음과 같은 음식이 발달한 까닭은 무엇입니까? (   )

↑ 퐁뒤   ↑ 카프레제

① 꿀이 많이 생산되기 때문에
② 생선이 많이 잡히기 때문에
③ 젖소를 많이 키우기 때문에
④ 감자가 많이 재배되기 때문에
⑤ 열대 과일이 잘 자라기 때문에

오늘의 핵심

❶ 갯벌이 넓게 펼쳐진 보성에서는 꼬막을 이용한 음식이 발달하였습니다. (O . X)

❷ 날씨가 춥고 눈이 많이 내리는 고장에서는 (밀 . 쌀)을 이용한 음식이 많습니다.

❸ 바다가 가까운 고장에서는 (치즈 . 해산물)을/를 이용한 음식이 많습니다.

환경에 따라 다른 주생활 모습

고장 사람들의 주생활 모습은 고장의 계절과 날씨, 땅의 생김새 등 자연환경에 따라 다양하게 나타납니다.

1. **옛날 고장 사람들의 주생활 모습**: 옛날 고장 사람들이 살았던 집의 모양은 고장의 자연환경에 따라 너와집, 터돋움집, 투막집 등으로 다양했습니다.

2. **세계 여러 고장 사람들의 주생활 모습**

수상 가옥	일 년 내내 덥고 비가 많이 내리는 고장에서는 더위와 해충을 피하려고 물속에 말뚝을 박아 그 위에 집을 짓습니다.
게르	초원이 넓게 펼쳐져 있는 고장에서는 풀을 찾아 이동하면서 가축을 기르기 위해 설치와 이동이 간편한 천막집을 짓습니다.
흙집	일 년 내내 덥고 비가 적게 내려 나무가 잘 자라지 않는 고장에서는 주변에서 쉽게 구할 수 있는 흙으로 집을 짓습니다.
통나무집	겨울에 춥고 주변 숲에서 나무를 구하기 쉬운 고장에서는 통나무로 집을 짓습니다.
동굴집	화산 폭발이 일어났던 고장에서는 바위의 속을 파서 집을 짓습니다.

1 오늘날 고장 사람들의 *주생활 모습

*주생활: 집과 관련된 생활

오늘날 우리 고장 사람들은 아파트, 연립 주택, 단독 주택 등에서 살고 있어.

그럼 옛날 고장 사람들은 어떤 집에서 생활하였을까?

↑ 아파트   ↑ 연립 주택   ↑ 단독 주택

2 옛날 고장 사람들의 주생활 모습

너와집

나무를 쉽게 구할 수 있는 고장에서는 나뭇조각으로 만든 너와를 지붕에 얹어 집을 지었습니다.

옛날 고장 사람들은 주위에서 구하기 쉬운 재료로 집을 지었어.

 너와집은 주로 강원특별자치도 산지에서 볼 수 있어.

＊너와: 지붕을 얹을 때 기와처럼 쓰는 돌조각이나 나뭇조각

제주도 초가집

바람이 자주 부는 제주도에서는 강한 바람에 지붕이 날아가지 않도록 지붕을 줄로 엮어서 집을 지었습니다. 또한 집 주변에는 주위에서 쉽게 구할 수 있는 돌로 담을 쌓아 바람을 막았습니다.

터돋움집

여름철에 비가 많이 내리는 고장에서는 홍수로 집이 물에 잠기는 것을 막기 위해 땅 위에 터를 돋우어 높은 곳에 집을 지었습니다.

투막집

옛날 고장 사람들은 고장의 자연환경을 극복하기 위해 계절별 날씨의 특징에 따라 집을 짓기도 했지.

겨울철에 눈이 많이 내리는 울릉도에서는 ＊우데기를 설치한 집을 지어 눈이 많이 와도 집 안을 자유롭게 다닐 수 있었습니다.

＊우데기: 눈이 집 안으로 들어오는 것을 막으려고 지붕의 끝에서부터 땅에 닿는 부분까지 내린 벽

← 우데기 안쪽 모습

3 세계 여러 고장 사람들의 주생활 모습

수상 가옥

미얀마

물 위에 집을 지으면 물고기를 잡는 데 유리하고 수상 교통을 이용하기 편해.

일 년 내내 덥고 비가 많이 내리는 고장에서는 더위와 해충을 피하려고 물속에 말뚝을 박아 그 위에 집을 짓습니다.

고상 가옥

캄보디아

일 년 내내 덥고 비가 많이 내리는 고장에서는 땅의 열기와 습기, 해충을 피하려고 바닥을 땅에서 띄워 집을 짓습니다.

게르

몽골

비가 비교적 적게 내려 초원이 넓게 펼쳐져 있는 고장에서는 풀을 찾아 이동하면서 가축을 기르기 위해 설치와 이동이 간편한 천막집을 짓습니다.

몽골의 게르는 가옥 구조가 단순해 쉽게 분해하고 조립할 수 있어.

모로코

흙집

일 년 내내 덥고 비가 적게 내려 나무가 잘 자라지 않는 고장에서는 주변에서 쉽게 구할 수 있는 흙으로 집을 짓습니다.

세계 여러 고장 사람들도 우리 고장 사람들처럼 주변에서 쉽게 구할 수 있는 재료로 집을 지었구나.

통나무집

러시아

겨울에 춥고 주변 숲에서 나무를 구하기
쉬운 고장에서는 통나무로 집을 짓습니다.

겨울이 추운 고장에서는 집을 지을 때 추운 날씨에도 곧게
잘 자라고, 한겨울 추위를 막아 주는 나무를 사용해.

이글루는 물고기를 잡거나 사냥을
하려고 임시로 지은 집이야.

이글루

캐나다

일 년 내내 춥고 얼음과 눈으로 둘러싸인
고장에서는 눈이나 얼음을 벽돌처럼 쌓아
올려 집을 짓기도 합니다.

합장 가옥

일본

겨울철에 눈이 많이 내리는 고장에서는 지
붕에 눈이 쌓이지 않도록 지붕의 경사가
급한 집을 짓습니다.

지붕 모양이 불교 예법인 합장의
모양과 비슷해서 붙여진 이름이야.

터키

동굴집

화산 폭발이 일어났던 고장에서는 바위
가 단단하지 않아 그 속을 파서 동굴집
을 짓습니다.

세계 여러 고장에서도
계절과 날씨, 땅의 생김새 등
자연환경의 영향을 받아 다양한
주생활 모습이 나타나.

개념 정리하기

1. 오늘날 고장 사람들의 주생활 모습: 주로 아파트, 연립 주택, 단독 주택 등에서 생활합니다.

2. 옛날 고장 사람들의 주생활 모습

너와집	나무를 쉽게 구할 수 있는 고장에서는 너와를 지붕에 얹었습니다.
제주도 초가집	강한 바람에 지붕이 날아가지 않도록 지붕을 줄로 엮었습니다.
터돋움집	여름철에 홍수로 집이 물에 잠기는 것을 막기 위해 땅 위에 터를 돋우어 높은 곳에 집을 지었습니다.
투막집	눈이 많이 와도 집 안을 자유롭게 다닐 수 있게 우데기를 만들었습니다.

3. 세계 여러 고장 사람들의 주생활 모습

수상 가옥	일 년 내내 덥고 비가 많이 내리는 고장에서는 더위와 해충을 피하려고 물속에 말뚝을 박아 그 위에 집을 짓습니다.
고상 가옥	일 년 내내 덥고 비가 많이 내리는 고장에서는 땅의 열기와 습기, 해충을 피하려고 바닥을 땅에서 띄워 집을 짓습니다.
게르	비가 비교적 적게 내려 초원이 넓게 펼쳐져 있는 고장에서는 풀을 찾아 이동하면서 가축을 기르기 위해 설치와 이동이 간편한 천막집을 짓습니다.
흙집	일 년 내내 덥고 비가 적게 내려 나무가 잘 자라지 않는 고장에서는 주변에서 쉽게 구할 수 있는 흙으로 집을 짓습니다.
통나무집	겨울에 춥고 주변 숲에서 나무를 구하기 쉬운 고장에서는 통나무로 집을 짓습니다.
이글루	일 년 내내 춥고 얼음과 눈으로 둘러싸인 고장에서는 눈이나 얼음을 벽돌처럼 쌓아 올려 집을 짓기도 합니다.
합장 가옥	겨울철에 눈이 많이 내리는 고장에서는 지붕에 눈이 쌓이지 않도록 지붕의 경사가 급한 집을 짓습니다.
동굴집	화산 폭발이 일어났던 고장에서는 바위가 단단하지 않아 그 속을 파서 동굴집을 짓습니다.

↳ 고장의 계절과 날씨, 땅의 생김새 등 자연환경에 따라 고장 사람들의 주생활 모습이 다양하게 나타납니다.

초성 퀴즈 다음 초성을 보고, 핵심 단어를 위에서 찾아 써 봅시다. | 정답과 해설 4쪽

1 [ㅈ][ㅈ][ㄷ]에서는 강한 바람에 지붕이 날아가지 않도록 지붕을 줄로 엮어서 초가집을 지었습니다.

2 겨울에 춥고 주변 숲에서 나무를 구하기 쉬운 고장에서는 [ㅌ][ㄴ][ㅁ]로 집을 짓습니다.

문제로 확인하기

1 다음 밑줄 친 '이 벽'은 무엇인지 쓰시오.

> 겨울철에 눈이 많이 내리는 울릉도에서는 눈이 많이 와도 집 안을 자유롭게 다닐 수 있도록 <u>이 벽</u>을 만들었습니다.

(   )

2 나무를 쉽게 구할 수 있는 고장에서 나뭇조각으로 지붕을 얹어 만든 집으로 알맞은 것을 골라 기호를 쓰시오.

(가)   (나)

↑ 너와집

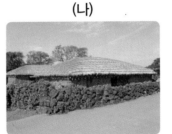
↑ 초가집

(   )

3 다음에서 설명하는 집은 무엇입니까? (   )

> 일 년 내내 덥고 비가 많이 내리는 고장에서는 더위와 해충을 피하려고 물속에 말뚝을 박아 그 위에 집을 짓습니다.

① 게르   ② 흙집   ③ 동굴집   ④ 통나무집   ⑤ 수상 가옥

4 다음과 같은 집을 지은 고장의 특징으로 알맞은 것은 어느 것입니까? (   )

① 화산 폭발이 있었다.
② 강한 바람이 자주 분다.
③ 겨울철에 눈이 많이 내린다.
④ 얼음과 눈으로 둘러싸여 있다.
⑤ 여름철에 홍수로 인한 피해가 심하다.

오늘의 핵심

❶ 여름철에 비가 많이 내리는 고장에서 홍수로 집이 물에 잠기는 것을 막기 위해 땅 위에 터를 돋우어 높은 곳에 지은 집을 무엇이라고 합니까? **답**

❷ 자연환경에 따라 고장 사람들의 주생활 모습은 다양하게 나타납니다. (O . X)

환경에 따른 의식주 생활 모습 소개하기

환경에 따른 의식주 생활 모습은 여러 가지 방법으로 표현할 수 있습니다.

1. 우리 고장과 다른 고장의 의식주 생활 모습 비교하기

❶ 우리 고장과 비교할 고장을 한군데 정하고, 역할을 나누어 두 고장의 환경과 의식주 생활 모습을 조사합니다.

❷ 우리 고장과 다른 고장의 환경, 의식주 생활 모습의 특징을 비교하여 정리합니다.

❸ 우리 고장과 다른 고장의 의식주 생활 모습이 잘 드러나도록 다양한 방법으로 표현합니다.

❹ 우리 고장과 다른 고장의 의식주 생활 모습을 비교하여 나타낸 것을 친구들에게 발표합니다.

2. 환경에 따른 의식주 생활 모습을 표현하는 방법

모형 만들기	고장의 의식주 생활 모습을 종이나 찰흙으로 만들어 소개합니다.
작은 책 만들기	고장의 의식주 생활 모습을 나타낸 그림을 그리고, 간단한 설명 글을 써서 표현합니다.
손가락 그림 그리기	고장의 의식주 생활 모습을 손가락 그림으로 정리할 수 있습니다.
노랫말로 표현하기	노랫말을 바꾸어 고장의 의식주 생활 모습을 표현할 수 있습니다.

❶ 우리 고장과 다른 고장의 의식주 생활 모습 비교하기

❶ 우리 고장과 비교할 고장을 한군데 정하고, 역할을 나누어 두 고장의 환경과 의식주 생활 모습을 조사합니다.

예 • 우리 고장: 대한민국 전북특별자치도 김제시
  • 다른 고장: 캐나다 누나부트준주

② 우리 고장과 다른 고장의 환경, 의식주 생활 모습의 특징을 비교하여 정리합니다.

고장 이름	대한민국 전북특별자치도 김제시	캐나다 누나부트준주
환경	사계절이 뚜렷하고, 들이 펼쳐져 있습니다.	일 년 내내 춥고 눈이 많이 내립니다.
의생활	계절과 날씨에 따라 알맞은 옷을 입습니다.	추위를 견디기 위해 동물의 털과 가죽으로 만든 두꺼운 옷을 입습니다.
식생활	쌀, 채소 등의 농산물을 주로 먹습니다.	채소를 기르기 어려워 고기나 생선을 말린 음식을 주로 먹습니다.
주생활	단독 주택, 아파트 등에서 삽니다.	천막집, 얼음집(이글루)에서 삽니다.

김제시는 사계절이 뚜렷하고, 누나부트준주는 일 년 내내 추위.

신문 만들기, 모형 만들기, 노래 가사 바꾸어 부르기, 역할극하기 등의 방법으로도 고장의 의식주 생활 모습을 표현할 수 있어.

③ 우리 고장과 다른 고장의 의식주 생활 모습이 잘 드러나도록 다양한 방법으로 표현합니다.

↑ 그림 그리기

↑ 삼각책 만들기

↑ 작은 책 만들기

고장의 환경과 그 환경 속에서 살아가는 사람들의 의식주 생활 모습을 그림으로 그리거나 사진과 글이 있는 다양한 형태의 책으로 만들어 표현할 수 있습니다.

④ 우리 고장과 다른 고장의 의식주 생활 모습을 비교하여 나타낸 것을 친구들에게 발표합니다.

두 고장의 의식주 생활 모습이 다른 까닭은 무엇일까?

계절과 날씨, 땅의 생김새 등 고장의 자연환경에 따라 의식주 생활 모습이 다양하게 나타나기 때문이야.

② 환경에 따른 의식주 생활 모습을 표현하는 방법

모형 만들기

환경에 따라 달라지는 고장 사람들의 의식주 생활 모습을 다양한 방법으로 표현할 수 있어.

고장의 의식주 생활 모습을 종이나 찰흙으로 만들어 표현합니다.

작은 책 만들기

고장의 의식주 생활 모습을 나타낸 그림을 그리고, 간단한 설명 글을 써서 표현합니다.

피자책 만들기

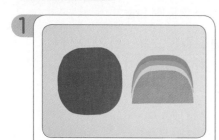

1 색종이 한 장은 원으로 자르고, 나머지 넉 장은 반원으로 자릅니다.

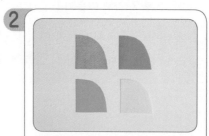

2 반원을 접어서 피자 조각 한 개를 만듭니다.

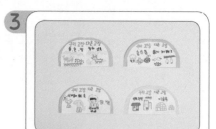

3 각 피자 조각에 우리 고장과 다른 고장의 특징을 적습니다.

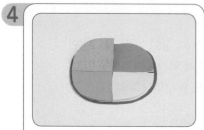

4 피자 조각 네 개를 큰 원에 붙입니다.

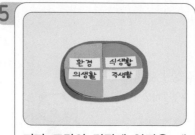

5 피자 조각의 겉장에 알맞은 제목을 씁니다.

완성

손가락 그림 그리기

여러 고장을 대표하는 음식을 그림으로 그리고, 고장의 환경과 음식 재료도 함께 써 넣었어.

고장의 의식주 생활 모습을 손가락 그림으로 정리할 수 있습니다.

손가락 그림을 그리는 과정

1 종이 가운데에 자신의 손을 대고 모양을 따라 그립니다.
2 다섯 손가락 하나하나에 어떤 내용을 담을지 생각합니다.
3 손바닥 가운데에는 큰 주제를 쓰고 손가락 끝에는 작은 주제를 씁니다.
4 각각의 손가락에 핵심 내용을 글과 그림으로 정리합니다.

노랫말로 표현하기

동요 「동네 한 바퀴」에 맞게 고장의 주생활과 관련 있는 내용을 노랫말로 만들었어.

동네 한 바퀴

윤석중 작사 / 프랑스 민요

	다	같	이 돌	자		동	네 한	바 퀴
예	바	람	이 많	은		제	주 에	서 는
	아	침 일	찍 일 어 나			동	네 한	바 퀴
	지	붕 을	동 여 매 날			아	가 지	않 아
	우	리 보	고 나	팔 꽃		인	사 합	니 다
	우	데 기	를 설	치 한		고	장 에	서 는
	우	리 도	인 사 하 며			동	네 한	바 퀴
	겨	울 철	눈 쌓 여 도			걱	정 없	어 ~
	바	둑 이	도 같 이 돌	자		동	네 한	바 퀴
	너	와 집	은 산 이 많	은		고	장 에	있 어

노랫말을 만드는 방법

1 좋아하는 노래를 고릅니다.
2 여러 고장 사람들의 의식주 생활 모습이 잘 드러나는 적절한 노랫말로 바꿉니다.

이 외에도 줄줄이 인형 만들기, 메뉴판 만들기, 뉴스로 표현하기 등으로 고장의 의식주 생활 모습 소개 자료를 만들어 볼 수 있어.

개념 정리하기

1. 우리 고장과 다른 고장의 의식주 생활 모습 비교하기

❶ 우리 고장과 비교할 고장을 한군데 정하고, 역할을 나누어 두 고장의 환경과 의식주 생활 모습을 조사합니다.

↓

❷ 우리 고장과 다른 고장의 환경, 의식주 생활 모습의 특징을 비교하여 정리합니다.

↓

❸ 우리 고장과 다른 고장의 의식주 생활 모습이 잘 드러나도록 다양한 방법으로 표현합니다.

↓

❹ 우리 고장과 다른 고장의 의식주 생활 모습을 비교하여 나타낸 것을 친구들에게 발표합니다.

2. 환경에 따른 의식주 생활 모습을 표현하는 방법

모형 만들기	고장의 의식주 생활 모습을 종이나 찰흙으로 만들어 표현합니다.
작은 책 만들기	고장의 의식주 생활 모습을 나타낸 그림을 그리고, 간단한 설명 글을 써서 표현합니다.
피자책 만들기	각 피자 조각에 고장의 의식주 생활 모습을 적은 뒤, 큰 원에 피자 조각을 붙여 피자책을 만들 수 있습니다.
손가락 그림 그리기	고장의 의식주 생활 모습을 손가락 그림으로 정리할 수 있습니다.
노랫말로 표현하기	노랫말을 바꾸어 고장의 의식주 생활 모습을 표현할 수 있습니다.
기타	줄줄이 인형 만들기, 메뉴판 만들기, 뉴스로 표현하기 등을 통해 고장의 의식주 생활 모습을 표현할 수 있습니다.

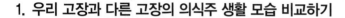

초성 퀴즈 다음 초성을 보고, 핵심 단어를 위에서 찾아 써 봅시다. 　정답과 해설 4쪽

1 고장의 의식주 생활 모습을 종이나 찰흙으로 ㅁ ㅎ 을 만들어 소개합니다.

2 고장의 의식주 생활 모습을 나타낸 그림을 그리고, 간단한 설명 글을 써서 ㅈ ㅇ ㅊ 을 만들어 소개합니다.

문제로확인하기

1 우리 고장과 다른 고장의 의식주 생활 모습을 비교하기 위해 가장 먼저 해야 할 일은 어느 것입니까? ( )

① 역할을 나누어 두 고장의 환경과 의식주 생활 모습을 조사합니다.
② 우리 고장과 의식주 생활 모습을 비교할 고장을 한군데 정합니다.
③ 우리 고장과 다른 고장의 의식주 생활 모습을 다양한 방법으로 표현합니다.
④ 우리 고장과 다른 고장의 의식주 생활 모습을 비교하여 나타낸 것을 발표합니다.
⑤ 우리 고장과 다른 고장의 환경, 의식주 생활 모습의 특징을 비교하여 정리합니다.

2 다음과 같은 소개 자료를 만들 때 가장 먼저 해야 할 일은 무엇입니까? ( )

① 손가락 끝에 작은 주제를 씁니다.
② 손바닥 가운데에 큰 주제를 씁니다.
③ 종이 가운데에 자신의 손을 대고 모양을 따라 그립니다.
④ 다섯 손가락 하나하나에 어떤 내용을 담을지 생각합니다.
⑤ 각각의 손가락에 핵심 내용을 글과 그림으로 정리합니다.

3 고장의 의식주 생활 모습을 표현하는 방법을 <u>잘못</u> 선택한 모둠은 어디입니까?
( )

① 1모둠: 모형 만들기 ② 2모둠: 작은 책 만들기
③ 3모둠: 노랫말로 표현하기 ④ 4모둠: 손가락 그림 그리기
⑤ 5모둠: 고장의 백지도 그리기

4 다음 고장의 의식주 생활 모습 소개 자료 중 사진, 그림 등으로 많은 내용을 표현할 수 있는 자료를 골라 기호를 쓰시오.

(가) (나)

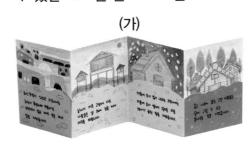 

( )

오늘의 핵심

❶ 여러 고장 사람들의 의식주 생활 모습이 잘 드러나도록 노랫말을 바꾸어 고장의 의식주 생활 모습을 소개하는 방법은 메뉴판 만들기입니다. (O . X)

❷ 종이나 찰흙으로 고장의 의식주 생활 모습이 잘 드러나도록 (모형 . 노랫말)을 만들어 표현합니다.

1 자연환경 중 날씨에 영향을 주는 것으로 알맞은 것은 어느 것입니까? ( )

① 들   ② 산   ③ 기온
④ 바다   ⑤ 하천

2 다음 보기 에서 사람들이 만든 환경을 모두 고른 것은 어느 것입니까? ( )

보기
㉠ 비   ㉡ 밭
㉢ 하천   ㉣ 항구

① ㉠, ㉡   ② ㉠, ㉢   ③ ㉡, ㉢
④ ㉡, ㉣   ⑤ ㉢, ㉣

서술형
3 고장 사람들이 오른쪽 사진의 자연환경을 이용하는 모습을 한 가지만 쓰시오.

_____

_____

4 다음에서 설명하는 자연환경은 무엇입니까? ( )

고장 사람들은 이곳의 물을 생활하거나 공장에서 제품을 생산할 때 이용합니다.

① 산   ② 들   ③ 갯벌
④ 바다   ⑤ 하천

5 고장 사람들이 들을 이용하는 모습으로 알맞은 것은 어느 것입니까? ( )

① 물고기를 잡는다.
② 스키장을 만든다.
③ 도로와 건물을 만든다.
④ 등산로를 만들어 이용한다.
⑤ 양식장을 만들어 김이나 미역을 기른다.

중요
6 다음 지연이네 고장의 평균 강수량 그래프를 보고 알맞게 설명한 것을 두 가지 고르시오.
(,)

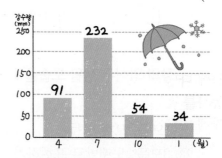

① 사계절 내내 강수량이 많다.
② 7월에 강수량이 집중되어 있다.
③ 강수량이 가장 많은 달은 4월이다.
④ 강수량이 가장 적은 달은 10월이다.
⑤ 4월, 10월, 1월의 강수량을 모두 합해도 7월의 강수량보다 적다.

7 다음과 같은 고장 사람들의 생활 모습을 볼 수 있는 계절은 언제인지 쓰시오.

• 두꺼운 옷을 입습니다.
• 난로나 온풍기를 사용합니다.
• 스키나 썰매 등 스포츠를 즐깁니다.

( )

8 다음 동우가 살고 있는 고장으로 알맞은 곳은 어디입니까? ( )

> 동우네 고장 사람들은 주로 물고기를 잡거나 김과 미역을 기르는 일 등을 합니다. 또 물고기를 잡는 기구를 팔거나 수리하는 일을 합니다.

① 산이 많은 고장
② 하천이 있는 고장
③ 바다가 있는 고장
④ 논과 밭이 있는 고장
⑤ 큰 호수가 있는 고장

중요
9 도시에 사는 사람들이 주로 하는 일로 알맞지 않은 것은 어느 것입니까? ( )

① 회사에 다닌다.
② 벼농사를 짓는다.
③ 공장에서 물건을 만든다.
④ 백화점에서 물건을 판다.
⑤ 버스나 택시를 운전한다.

10 인문환경을 이용한 여가 생활로 알맞은 것은 어느 것입니까? ( )

①

↑ 등산

②

↑ 래프팅

③

↑ 박물관 관람

④

↑ 패러글라이딩

11~12 다음 글을 읽고 물음에 답하시오.

> 사람이 살아가려면 몸을 보호하는 (㉠)과/와 영양분을 얻기 위한 (㉡)이/가 필요합니다. 또한 안전하고 편안하게 쉴 수 있는 (㉢)도 필요합니다. 이와 같은 옷, 음식, 집을 통틀어 (㉣)라고 합니다.

11 윗글의 ㉠~㉢에 들어갈 내용의 예로 알맞은 것은 어느 것입니까? ( )

① ㉠ – 한옥
② ㉠ – 아파트
③ ㉡ – 목도리
④ ㉡ – 음료수
⑤ ㉢ – 아이스크림

12 윗글의 ㉣에 들어갈 알맞은 말을 쓰시오.

( )

13 고장 사람들의 여름철 옷차림으로 알맞은 것은 어느 것입니까? ( )

① 장갑을 낀다.
② 목도리를 두른다.
③ 두꺼운 옷을 입는다.
④ 솜을 넣어 만든 옷을 입는다.
⑤ 바람이 잘 통하는 재료로 만든 옷을 입는다.

14 다음과 같이 고장별로 옷차림이 차이가 나는 까닭은 무엇입니까? ( )

> 9월 중순에 제주도에 사는 사람들은 반팔 옷을 입지만, 강원특별자치도 평창군에 사는 사람들은 긴팔 옷을 입습니다.

① 고장별로 날씨가 다르기 때문에
② 고장별로 땅의 생김새가 같기 때문에
③ 남자와 여자가 입는 옷이 다르기 때문에
④ 고장에서 가장 유명한 옷이 다르기 때문에
⑤ 고장마다 사람들이 좋아하는 옷이 같기 때문에

15 날씨가 춥고 눈이 많이 오는 고장에 살고 있는 사람들의 옷차림으로 알맞은 것은 어느 것입니까? (　　)

①
②
③
④

중요
16 우리나라의 여러 고장에서 발달한 대표적인 음식에 대한 설명으로 알맞지 <u>않은</u> 것은 어느 것입니까? (　　)

① 성게가 잡히는 제주에서는 성게국이 발달하였다.
② 감자를 많이 심는 영월에서는 감자 옹심이가 발달하였다.
③ 갯벌이 넓게 펼쳐져 있는 영덕에서는 꼬막무침이 발달하였다.
④ 메밀을 많이 재배하는 평양에서는 메밀로 만든 냉면이 발달하였다.
⑤ 쌀과 채소를 쉽게 구할 수 있고 장맛이 좋은 전주에서는 비빔밥이 발달하였다.

17 다음과 같은 식생활이 나타나는 고장의 특징으로 알맞은 것은 어느 것입니까? (　　)

> 생선을 이용한 음식이 많습니다.

① 산지가 많다.
② 날씨가 덥고 건조하다.
③ 화산 활동이 활발하다.
④ 바다로 둘러싸여 있다.
⑤ 넓은 들이 펼쳐져 있다.

18 다음 사진의 집에 대한 설명으로 알맞은 것은 어느 것입니까? (　　)

① 바닥을 땅에서 띄워 지었다.
② 물속에 말뚝을 박아 그 위에 지었다.
③ 단단하지 않은 바위의 속을 파서 지었다.
④ 눈이나 얼음을 벽돌처럼 쌓아 올려 지었다.
⑤ 주변에서 쉽게 구할 수 있는 나뭇조각을 지붕에 얹어 지었다.

19 추운 고장에 사는 사람들이 오른쪽 사진의 집을 지을 때 사용한 재료는 무엇입니까? (　　)

① 눈　　　　② 바위　　　　③ 얼음
④ 천막　　　　⑤ 통나무

20 환경에 따라 달라지는 의식주 생활 모습을 소개하는 다음과 같은 방법은 무엇입니까? (　　)

① 신문 만들기
② 작은 책 만들기
③ 사진으로 표현하기
④ 노랫말로 표현하기
⑤ 역할극으로 나타내기

1일차~8일차

쪽지 시험

쪽지 시험으로
확인해 보자~

| 정답과 해설 5쪽

단원
평가

1일차~8일차 단원 평가

1 산, 들, 하천, 바다와 같은 땅의 생김새와 (   )에 영향을 주는 눈, 비, 바람, 기온 등을 자연환경이라고 합니다.

1

2 우리나라의 계절 중 더위를 피해 바다나 수영장에서 물놀이를 즐기는 계절은 언제입니까?

2

3 (   )가 있는 고장에 사는 사람들은 주로 물고기를 잡거나 김과 미역을 기르는 일 등을 합니다.

3

4 등산, 낚시, 래프팅, 패러글라이딩 등은 자연환경과 인문환경 중 무엇을 이용한 여가 생활입니까?

4

5 사람이 살아가는 데 기본적으로 필요한 옷과 음식, 집을 통틀어 무엇이라고 합니까?

5

6 (베트남 , 이집트)에서는 사막의 뜨거운 햇볕과 모래바람을 막기 위해 온몸을 감싸는 긴 옷을 입고 머리에는 천을 둘러 감습니다.

6

7 (산이 많은 고장 , 바다가 가까운 고장)에서는 젖소를 많이 키워 치즈를 이용한 음식이 많습니다.

7

8 겨울철에 눈이 많이 내리는 울릉도에서 눈이 집 안으로 들어오는 것을 막으려고 지붕의 끝에서부터 땅까지 내린 벽을 무엇이라고 합니까?

8

자연에서 얻은 도구를 사용하던 옛날의 생활 모습

아주 먼 옛날, 사람들은 돌과 나무 등 자연에서 얻은 재료로 생활 도구를 만들어 사용하였습니다.

1. **생활 도구**: 사람들이 생활하는 데 필요한 여러 가지 물건을 생활 도구라고 합니다.

2. **돌을 깨뜨려 도구를 만들었던 시대**
   - 돌을 깨거나 떼어 내서 주먹도끼 등의 도구를 만들었습니다.
   - 동물의 가죽으로 만든 옷을 입었고, 열매를 따거나 동물을 사냥해 먹을거리를 얻었습니다.
   - 주로 동굴이나 바위 그늘에서 살았습니다.

3. **돌을 갈아서 도구를 만들었던 시대**
   - 돌이나 동물의 뼈를 갈고 다듬어 도구로 만들기 시작하였습니다.
   - 흙으로 그릇을 만들었고, 농사를 짓고 가축을 기르기 시작하였습니다.
   - 강가나 바닷가에 움집을 짓고 모여 살기 시작하였습니다.

① 자연에서 얻은 재료로 만든 생활 도구

> 사람들이 생활하는 데 필요한 여러 가지 물건을 생활 도구라고 해.

주먹도끼	빗살무늬 토기	뼈낚시 도구
		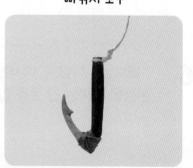
돌을 깨뜨려서 만든 도끼로, 손에 쥐고 사용할 수 있었습니다.	흙으로 만든 그릇입니다. 음식을 담는 데 사용하였습니다.	동물의 뼈로 만든 낚시 도구입니다. 물고기를 잡는 데 사용하였습니다.

> 옛날에 사용하던 생활 도구를 살펴보면 옛날 사람들의 생활 모습을 알 수 있어.

② 돌을 깨뜨려 도구로 사용한 시대의 생활 모습

생활 도구

좀 더 단단한 돌로 다른 돌을 깨뜨리니까 날카로운 부분이 생기네.

자연에서 구하기 쉬운 돌과 나무를 이용하여 생활 도구를 만들기 시작하였습니다.

돌을 깨뜨리거나 떼어 내어 도구를 만들었고, 깨뜨리거나 떼어 낸 돌을 나무에 끼워 도구로 사용하기도 했습니다.

↑ 돌로 만든 주먹도끼

생활 모습

가죽을 펴서 옷을 만들어야지.

사냥한 동물의 가죽으로 옷을 만들어 입었습니다.

열매가 많이 열렸네.

산과 들에서 열매를 따서 먹을거리를 얻었습니다.

옛날 사람들은 사냥감이나 열매를 얻기 위해 사는 곳을 옮겨 다니며 생활하였어.

멧돼지 잡아라.

먹을 것을 구하기 위해 돌과 나무로 만든 도구로 동물을 사냥하였습니다.

불을 사용하여 음식을 익혀 먹을 수 있어.

동굴이나 바위 그늘에서 살면서 추위를 견디고 동물의 공격을 피하였습니다.

3 돌을 갈아서 도구로 사용한 시대의 생활 모습

생활 도구

물고기를 잡아서 먹어야지.

돌과 동물의 뼈를 연결한 낚시 도구

돌이나 동물의 뼈를 갈고 다듬어 만든 도구로 사냥과 낚시를 하였습니다.

그릇이 있으니 곡식을 담고 물도 끓일 수 있네.

흙으로 만든 빗살무늬 토기

흙으로 그릇을 만들어 먹을 것을 조리하거나 보관하였습니다.

준비물
찰흙, 찰흙 칼 등

빗살무늬 토기 만들기

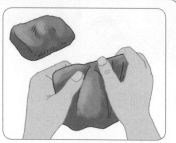

찰흙을 조물조물하여 연하게 반죽합니다.

찰흙을 일정한 크기로 떼어 낸 뒤, 손으로 밀어서 긴 띠 모양으로 만듭니다.

긴 띠 모양으로 만든 찰흙을 아래부터 차례대로 쌓아 올립니다.

찰흙 칼을 이용하여 토기에 무늬를 새길 때에는 다치지 않도록 주의해야 해.

그릇 모양이 만들어지면 토기가 매끈해지도록 안쪽과 바깥쪽에 물을 묻히며 다듬습니다.

찰흙 칼을 사용하여 토기 바깥쪽에 무늬를 새긴 후 말려서 완성합니다.

완성한 토기는 바람이 잘 통하는 그늘에 말려야 갈라지지 않아.

생활 모습

식물의 줄기를 꼬아서 실을 만들려고 해.

식물에서 얻은 실로 옷감을 짜서 옷을 만들어 입었습니다.

나무로 만든 기둥에 풀이나 갈대로 지붕을 덮어 움집을 만들어 볼까?

먹을 것이 풍부한 강가나 바닷가에 집을 짓고 모여 살기 시작하였습니다.

농사와 함께 사냥과 채집 활동도 하였어.

땅에 씨를 뿌리고 키우면 곡식을 얻을 수 있다는 사실을 알게 되면서 농사가 시작되었어.

돌을 다듬어 만든 괭이로 땅을 갈고 농사를 지어야지.

집 근처에서 농사를 짓기 시작하였습니다.

가축에게 먹이를 줘야겠어.

*가축을 기르기 시작하였습니다.

*가축: 집에서 기르는 짐승

옛날 사람들의 생활 모습을 상상하여 그림일기로 표현해 보기

오늘은 어머니와 함께 흙으로 그릇을 만들었다. 어머니는 내가 만든 그릇이 멋지다고 칭찬해 주셨다. 새로 만든 그릇에 곡식을 담았다. 저녁에는 아버지가 잡아 오신 물고기를 불에 구워 먹었다. 물고기가 매우 맛있었다. 내일은 아버지와 낚시하러 가기로 약속했다. 내일 물고기를 많이 잡았으면 좋겠다.

박물관이나 유적지를 찾아가면 옛날 사람들의 생활 모습을 엿볼 수 있어.

옛날 사람들은 흙으로 만든 그릇에 곡식을 보관하였고, 낚시로 잡은 물고기를 불에 구워 먹었어.

개념 정리하기

1. **생활 도구**: 사람들이 생활하는 데 필요한 여러 가지 물건을 말합니다.

2. **자연에서 얻은 도구를 사용하던 시대의 생활 모습**: 자연에서 얻은 돌과 나무 등으로 생활 도구를 만들어 사용하였습니다.

① 돌을 깨뜨려 도구로 사용한 시대의 생활 모습

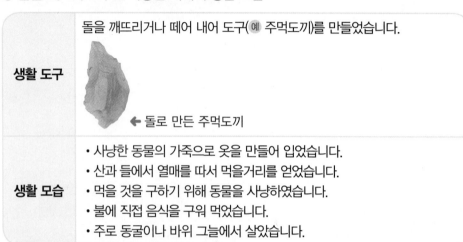

생활 도구	돌을 깨뜨리거나 떼어 내어 도구(예 주먹도끼)를 만들었습니다. ← 돌로 만든 주먹도끼
생활 모습	• 사냥한 동물의 가죽으로 옷을 만들어 입었습니다. • 산과 들에서 열매를 따서 먹을거리를 얻었습니다. • 먹을 것을 구하기 위해 동물을 사냥하였습니다. • 불에 직접 음식을 구워 먹었습니다. • 주로 동굴이나 바위 그늘에서 살았습니다.

② 돌을 갈아서 도구로 사용한 시대의 생활 모습

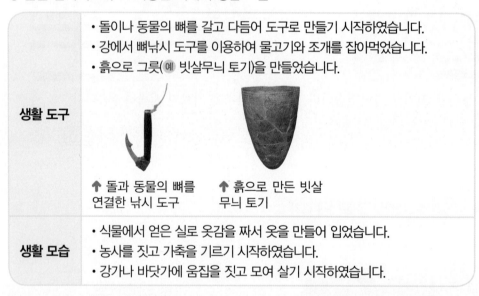

생활 도구	• 돌이나 동물의 뼈를 갈고 다듬어 도구로 만들기 시작하였습니다. • 강에서 뼈낚시 도구를 이용하여 물고기와 조개를 잡아먹었습니다. • 흙으로 그릇(예 빗살무늬 토기)을 만들었습니다. ↑ 돌과 동물의 뼈를 연결한 낚시 도구　　↑ 흙으로 만든 빗살무늬 토기
생활 모습	• 식물에서 얻은 실로 옷감을 짜서 옷을 만들어 입었습니다. • 농사를 짓고 가축을 기르기 시작하였습니다. • 강가나 바닷가에 움집을 짓고 모여 살기 시작하였습니다.

초성 퀴즈 다음 초성을 보고, 핵심 단어를 위에서 찾아 써 봅시다.

| 정답과 해설 6쪽

1 사람이 생활하는 데 필요한 여러 가지 물건을 ㅅ ㅎ ㄷ ㄱ 라고 합니다.

2 주먹도끼는 ㄷ 을 깨뜨려 만든 도구입니다.

3 옛날 사람들은 흙으로 만든 그릇인 ㅌ ㄱ 에 음식을 보관하였습니다.

1 다음 ☐ 안에 들어갈 알맞은 말을 쓰시오.

> 옛날 사람들은 자연에서 얻은 돌이나 나무 등을 이용하여 여러 가지 ☐ 를 만들어 사용하였습니다.

(   )

2 돌을 깨뜨려 도구를 만든 시대 사람들의 생활 모습으로 알맞지 <u>않은</u> 것은 어느 것입니까? (   )

① 강가나 바닷가에 모여 살았다.
② 불에 직접 음식을 구워 먹었다.
③ 동물의 가죽으로 옷을 만들어 입었다.
④ 돌과 나무 등으로 생활 도구를 만들었다.
⑤ 열매를 따거나 동물을 사냥해 먹을거리를 얻었다.

3 돌을 갈아서 도구를 만든 시대에 음식을 조리하거나 보관하는 데 사용한 오른쪽 사진과 같은 그릇을 무엇이라고 하는지 쓰시오.

(   )

4 옛날 사람들의 생활 모습을 엿볼 수 있는 곳으로 알맞은 것을 <u>두 가지</u> 고르시오.
(,   )

① 경찰서   ② 놀이터   ③ 박물관
④ 백화점   ⑤ 유적지

오늘의 핵심

❶ 돌을 깨뜨려 도구를 만들었던 시대에는 추위를 피하고 동물들의 공격을 막기 위해 주로 동굴에서 살았습니다. (O . X)

❷ 돌을 갈아서 도구를 만들었던 시대에 처음 (고기잡이 . 농사짓기) 를 시작하였습니다.

새로운 도구를 만들어 사용하던 옛날의 생활 모습

옛날 사람들은 청동이라는 금속으로 도구를 만들었고, 시간이 흐르자 청동보다 단단한 철로 도구를 만들어 사용하였습니다.

1. 청동으로 도구를 만들었던 시대
- 청동으로 무기, 제사 도구, 장신구 등을 만들어 사용하였습니다.
- 농사 도구는 여전히 돌이나 나무로 만든 도구들을 사용하였습니다.

2. 철로 도구를 만들었던 시대
- 청동보다 단단한 철을 이용하여 농사 도구와 무기를 만들면서 곡식의 수확량이 늘고 전쟁이 활발해졌습니다.
- 초가집이나 기와집을 짓고 살았습니다.

1 금속으로 만든 도구

*청동으로 만든 도구

비파라는 악기를 닮아 비파형 동검이라고 하였어.

*청동: 구리와 주석을 섞어 단단하게 만든 금속

*장신구: 반지, 귀고리, 목걸이 등 몸을 꾸미는 데 쓰는 물건

비파형 동검(청동 검)

무기나 제사 도구로 사용하였습니다.

청동 거울

제사 도구나 *장신구로 사용하였습니다.

청동은 재료를 구하기 힘들고 만드는 과정이 복잡하여 무기나 제사 도구, 장신구를 만드는 데 사용하였어.

철로 만든 도구

철로 만든 *투구와 갑옷

전쟁을 할 때 몸을 보호하기 위해 사용하였습니다.

철로 만든 농사 도구

땅을 갈 때 사용하였습니다.

철로 만든 농사 도구는 단단하고 날카로워 농사를 지을 때 힘이 덜 들었기 때문에 농업이 크게 발달하게 되었어.

*투구: 쇠로 만든 모자로, 싸움을 할 때 적으로부터 머리를 보호하기 위해 썼음.

② 청동으로 도구를 만든 시대의 생활 모습

비파형 동검(청동 검)

청동 거울

청동 방울

방울이 여러 개 달려 있어 흔들면 소리가 나는 제사 도구야.

청동으로 도구를 만들어 사용하던 시대에는 예전에 비해 마을의 규모가 커졌고, 마을을 지키는 사람도 있었구나.

하늘에 제사를 지낼 때 청동 검이나 청동 거울을 사용한 부족장이 나타났어.

반달 돌칼

돌로 만든 농사 도구로, 곡식의 이삭을 거둘 때 사용하였습니다.

청동은 귀했기 때문에 농사를 지을 때나 일상생활에서는 여전히 돌과 나무로 만든 도구를 사용하였어.

농경문 청동기

농사 도구로 땅을 가는 모습

농사 도구를 들고 있는 모습

농경문 청동기는 제사를 지낼 때 사용한 도구로, 자세히 보면 농사짓는 모습이 새겨져 있어.

금속으로 도구를 만드는 과정

만들고 싶은 도구 모양의 틀에 금속을 녹인 *쇳물을 붓습니다.

*쇳물: 높은 열에 녹아서 액체 상태로 된 쇠

금속을 재료로 이용하면서, 돌을 재료로 이용할 때보다 훨씬 다양하고 복잡한 모양의 도구들을 만들 수 있게 되었어.

쇳물이 식으면 금속 도구를 빼낸 후 다듬습니다.

오늘날의 거울과 달리 청동 거울은 제사 지내는 사람의 모습을 빛나 보이게 했어.

청동 거울 만들기

준비물
풀, 볼펜, 네임펜,
투명 테이프, 끈

↑ 청동 거울 모양 판 두 개를 붙입니다.

↑ 한쪽 면에 나만의 무늬를 새기거나 그립니다.

↑ 사각형의 모양 판으로 고리를 만들어 붙입니다.

청동 거울 모형을 목에 걸어 볼 때 무늬가 없는 면을 앞으로 해.

완성

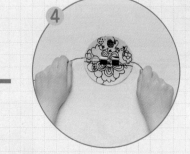

↑ 고리에 끈을 넣어 지나가게 한 후 끈의 끝부분을 묶습니다.

③ 철로 도구를 만든 시대의 생활 모습

철로 만든 튼튼한 무기를 사용하는 사람들은 전쟁에서 쉽게 이길 수 있었어.

철은 청동보다 구하기 쉽고 단단하여 농사 도구 등 다양한 도구를 만드는 데 사용하였습니다.

철로 만든 농사 도구

철로 만든 도구를 사용하던 시대에는 농업이 발달했고, 사람의 수도 크게 늘어났어. 사람들은 초가집과 기와집을 짓고 살았어.

농사 도구는 땅에 닿거나 곡식을 베는 부분을 철로 만들었어.

철로 만든 농사 도구가 돌로 만든 농사 도구보다 좋은 점은 무엇일까?

철로 만든 투구와 갑옷

철로 만든 칼

철로 만든 튼튼한 무기를 사용하면서 전쟁도 자주 일어났습니다.

- 철은 용도에 따라 다양한 모양의 농사 도구를 만들 수 있습니다.
- 철은 돌보다 단단하고 날카로워 돌로 만든 도구를 사용할 때보다 힘을 덜 들이고 땅을 깊게 갈 수 있습니다.
- 철로 만든 농사 도구 덕분에 더 많은 양의 곡식을 수확할 수 있었습니다.

개념 정리하기

1. 청동으로 도구를 만들어 사용하던 시대

청동의 사용	• 청동은 재료를 구하기 힘들고 만드는 과정이 복잡하여 무기나 제사 도구, 장신구를 만드는 데 사용하였습니다. • 청동은 귀하여 농사를 지을 때나 일상생활에서는 여전히 돌과 나무로 만든 도구를 사용하였습니다. 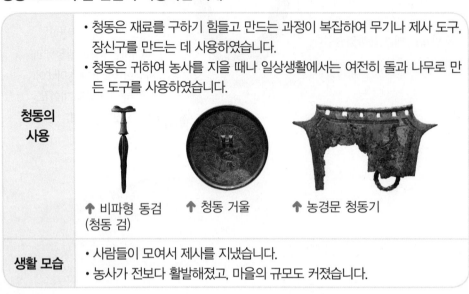 ↑ 비파형 동검 ↑ 청동 거울 ↑ 농경문 청동기 (청동 검)
생활 모습	• 사람들이 모여서 제사를 지냈습니다. • 농사가 전보다 활발해졌고, 마을의 규모도 커졌습니다.

2. 철로 도구를 만들어 사용하던 시대

철의 사용	철은 청동보다 훨씬 단단하고 날카로우면서 구하기 쉬워 농사 도구, 무기 등 다양한 도구를 만드는 데 사용하였습니다.  ↑ 철로 만든 ↑ 철로 만든 투구와 ↑ 철로 만든 칼 농사 도구 갑옷
생활 모습	• 철로 만든 농사 도구를 사용하면서 예전보다 땅을 더 깊게 갈고 더 많은 곡식을 거두어들일 수 있게 되어 농업이 크게 발달하였습니다. • 철로 만든 튼튼한 무기를 사용하는 사람들은 전쟁에서 쉽게 이길 수 있었습니다. • 초가집이나 기와집을 짓고 살았습니다.

초성 퀴즈 다음 초성을 보고, 핵심 단어를 위에서 찾아 써 봅시다. | 정답과 해설 6쪽

1 구리와 주석을 섞어 단단하게 만든 금속을 ㅊ ㄷ 이라고 합니다.

2 청동으로 도구를 만든 시대에는 청동 방울, 청동 거울 등을 ㅈ ㅅ 를 지낼 때 사용하였습니다.

3 시간이 흘러 청동보다 더 단단한 ㅊ 로 도구를 만들면서 사람들의 생활 모습이 크게 바뀌었습니다.

1 다음 ☐ 안에 들어갈 알맞은 말을 보기 에서 모두 골라 기호를 쓰시오.

> 청동은 귀하고 다루기 어려워서 ☐ 를 만드는 데 주로 쓰였습니다.

보기
⊙ 무기   ⓒ 농기구   ⓒ 장신구   ⓔ 제사를 지내는 도구

(   )

2 다음 농경문 청동기에 새겨진 모습과 관련이 깊은 것은 어느 것입니까? (   )

① 낚시하는 모습
② 농사짓는 모습
③ 동물을 사냥하는 모습
④ 하늘에 제사를 지내는 모습
⑤ 이웃 나라와 전쟁을 하는 모습

3 다음 중 농업이 크게 발달하는 데 영향을 끼친 도구는 어느 것입니까? (   )

① 청동 거울   ② 청동 방울   ③ 비파형 동검
④ 철로 만든 갑옷   ⑤ 철로 만든 농사 도구

4 철로 도구를 만들면서 달라진 생활 모습을 <u>잘못</u> 말한 어린이는 누구인지 쓰시오.

> 땅을 잘 갈 수 있게 되었어.
>
> 농사짓기가 훨씬 힘들어졌어.
>
> 전쟁에서 이기는 경우가 많아졌어.

소영   은지   민호   (   )

오늘의 핵심

❶ 옛날 사람들은 청동을 주로 농사 도구를 만드는 데 이용했습니다. (O · X)

❷ (돌 · 철)로 만든 도구를 사용하면서 곡식의 수확량이 늘고 전쟁이 활발해졌습니다.

농사짓는 도구의 발달과 생활 모습의 변화

농사를 지을 때 땅을 일구고 곡식을 거두는 농사 도구가 발달하면서 사람들의 생활 모습이 변화하였습니다.

1. 농사 도구의 발달

- 옛날 사람들은 농사를 짓기 시작하며 돌과 나무로 농사 도구를 만들었습니다.
- 이후에는 단단한 철로 농사 도구를 만들었습니다.
- 점차 동물의 힘을 이용하거나 힘이 덜 드는 농사 도구를 만들었습니다.
- 오늘날에는 과학 기술의 발달로 기계를 사용하여 농사를 짓습니다.

2. 농사 도구 발달에 따른 생활 모습의 변화

- 전보다 더 넓은 땅에 농사를 지을 수 있게 되었습니다.
- 전보다 더 많은 곡식과 채소를 수확할 수 있게 되었습니다.
- 전보다 적은 힘으로 농사를 짓게 되었습니다.

1 농사 도구의 변화

자연에서 쉽게 구할 수 있는 돌과 나무로 농사 도구를 만들었습니다.

동물의 힘을 이용하여 땅을 일구는 쟁기 등을 사용하였습니다.

단단한 철로 농사 도구를 만들었습니다.

농사를 지을 때에는 땅을 일구고 곡식을 거두는 도구가 필요해.

오늘날에는 과학 기술이 발달하여 트랙터, 콤바인 등 *농기계를 사용합니다.

*농기계: 농사짓는 데 쓰는 기계

② 땅을 가는 농사 도구의 발달

돌로 만든 괭이(돌괭이)

긴 나무 막대기 끝에 뾰족한
돌을 묶어 만들었어.

돌을 다듬어 만든 *괭이로 땅을
갈았습니다.

농사를 짓기 위해서는 먼저
땅을 갈아서 흙을 고루 섞이게
해야 해. 그러면 땅속에 있는
영양분이 골고루 퍼지게 되지.

＊괭이: 땅 갈기, 논밭의 잡초 뽑기 등의 여러 용도로
사용되는 농기구

철로 만든 괭이

땅에 닿는 부분을 철로 만들어
나무 자루와 연결하였어.

단단하고 날카로운 철을 이용해서 만든
괭이로 땅을 깊게 갈 수 있었습니다.

소가 끄는 쟁기

소가 끌게 하여 땅을
갈 때 사용하였어.

↑ 쟁기

농사를 지을 때 소의 힘을 이용하여
논밭을 갈았습니다.

트랙터

오늘날에는 트랙터를 사용해 넓은 땅을
빠르게 갈고 무거운 짐을 옮깁니다.

3 곡식을 수확하는 농사 도구의 발달

반달 돌칼, 돌로 만든 낫

↑ 반달 돌칼

> 돌을 반달 모양으로 다듬어 만들었어. 중앙에는 구멍이 있어 끈을 꿰어 사용 하였어.

↑ 돌로 만든 낫

> 돌을 다듬어 곡식을 베는 부분을 만든 다음에 나무 자루와 연결하였어.

돌을 갈아서 날카롭게 만든 반달 돌칼이나 낫을 곡식의 *이삭을 자를 때 사용하였습 니다.

*이삭: 벼, 보리 따위 곡식에서 열매가 더부룩하게 많이 열리는 부분

철로 만든 낫

철로 만든 낫을 곡식의 이삭을 자를 때 사 용하였습니다. 철로 날 부분을 날카롭게 하고 나무 자루와 연결하여 만들었습니다.

> 철로 만든 낫이 반달 돌칼보다 좋은 점은 무엇일까?

> 철로 만든 낫이 더 날카롭고 튼튼해서 한 사람이 거두어들일 수 있는 곡식의 양이 늘어났어.

그네

그네를 사용하여 전보다 손쉽게 많은 양의 곡식을 *탈곡할 수 있었습니다.

↑ 그네

*탈곡: 벼, 보리 따위의 이삭에서 낟알을 떨어내는 일

4 농사 도구의 발달에 따라 달라진 생활 모습

농사 도구가 발달하면서 사람들은 더 다양한 곡식과 채소 등을 얻게 되었어.

농사 도구 발달에 따른 생활 모습의 변화 이야기해 보기

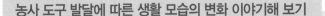

철로 만든 도구로 전보다 더 넓은 땅에 농사지을 수 있게 되었고, 더 많은 곡식을 수확하였습니다.

동물을 힘을 활용한 쟁기를 사용하면서 전보다 적은 힘으로 농사지을 수 있었습니다.

과학 기술의 발달로 다양한 농기계를 사용하여 편리하게 농사지을 수 있게 되었습니다.

나래

지원

기범

오늘날에는 농사용 무인기(드론)를 사용하여 논과 밭에 농약을 뿌리기도 합니다.

탈곡기

↑ 탈곡기

탈곡기를 사용해 벼, 보리 등 곡식의 이삭에서 낟알을 떨어낼 수 있습니다.

탈곡기는 손으로 곡식을 쥐고, 동그란 통을 발로 돌리면서 낟알을 떨어뜨리는 도구야.

콤바인(수확기)

콤바인을 사용해 곡식의 *수확과 탈곡을 한꺼번에 할 수 있습니다.

*수확: 익은 농작물을 거두어들임.

개념 정리하기

1. 땅을 가는 농사 도구의 발달

① 땅을 가는 농사 도구: 땅속의 영양분이 잘 퍼지도록 흙을 섞는 데 사용합니다.

② 땅을 가는 농사 도구의 발달 과정

돌괭이	긴 나무 막대기 끝에 뾰족한 돌을 묶어 땅을 가는 데 사용하였습니다.
철로 만든 괭이	땅에 닿는 부분을 철로 만들어 사용하였습니다.
쟁기	소의 힘을 이용하는 농기구로, 힘을 덜 들이고 논밭을 갈 수 있습니다.
트랙터	농기계를 사용하여 넓은 땅을 빠르게 갈 수 있습니다.

2. 곡식을 수확하는 농사 도구의 발달

① 곡식을 수확하는 농사 도구: 익은 농작물을 거두어들이는 데 사용합니다.

② 곡식을 수확하는 농사 도구의 발달 과정

반달 돌칼	돌을 반달 모양으로 갈아서 곡식을 수확하는 데 사용하였습니다.
철로 만든 낫	곡식을 자르는 부분을 철로 만들어 사용하였습니다.
탈곡기	탈곡기를 사용해 곡식의 수확을 쉽게 할 수 있습니다.
콤바인(수확기)	콤바인으로 곡식의 수확과 탈곡을 한꺼번에 할 수 있습니다.

3. 농사 도구 발달에 따른 생활 모습의 변화

① 전보다 더 넓은 땅에 적은 힘으로 농사를 지을 수 있게 되었습니다.

② 농기계를 사용하여 편리하게 농사를 지을 수 있게 되었습니다.

③ 더 다양하고 많은 곡식과 채소 등을 얻을 수 있게 되었습니다.

초성 퀴즈 다음 초성을 보고, 핵심 단어를 위에서 찾아 써 봅시다. | 정답과 해설 7쪽

1 농사 도구를 만드는 재료는 돌에서 날카롭고 튼튼한 ㅊ 로 점차 바뀌었습니다.

2 오늘날에는 ㅋ ㅂ ㅇ 을 이용하여 곡식을 수확합니다.

문제로 확인하기

1 다음은 땅을 가는 농사 도구의 발달 과정입니다. ㉠, ㉡에 들어갈 알맞은 도구를 각각 쓰시오.

(㉠) → 철로 만든 괭이 → 쟁기 → (㉡)

㉠: (   ), ㉡: (   )

2~3 다음은 곡식을 수확하는 농사 도구입니다. 물음에 답하시오.

(가)   (나)   (다)   (라)

↑ 콤바인(수확기)   ↑ 반달 돌칼   ↑ 탈곡기   ↑ 철로 만든 낫

2 (가)~(라) 중 돌로 만들어졌고 반달 모양으로 생긴 농사 도구를 골라 기호를 쓰시오.

(   )

3 (가)~(라)를 발달한 순서대로 기호를 나열하시오.

(→   →   →   )

4 농사 도구가 발달하면서 달라진 사람들의 생활 모습으로 알맞지 <u>않은</u> 것은 어느 것입니까? ( )

① 수확하는 곡식의 양이 늘어났다.
② 더 다양한 곡식과 채소를 얻을 수 있게 되었다.
③ 한 사람이 농사지을 수 있는 논밭의 넓이가 좁아졌다.
④ 오늘날에는 농기계를 사용하여 편리하게 농사를 지을 수 있다.
⑤ 소를 이용하는 농사 도구를 사용하면서 힘을 덜 들이고 논밭을 갈 수 있게 되었다.

오늘의 핵심

❶ 반달 돌칼은 곡식을 (심을 때 , **수확할 때**) 사용한 농사 도구입니다.

❷ 농사 도구를 (**철** , 청동)(으)로 만들기 시작하면서 수확하는 곡식의 양이 크게 늘었습니다.

옷과 음식을 만드는 도구의 발달과 생활 모습의 변화

옷과 음식을 만드는 도구의 발달로 사람들은 다양한 옷과 음식을 빠르고 편리하게 만들 수 있게 되었습니다.

1. 옷을 만드는 도구의 변화
- 실을 만드는 도구: '가락바퀴 → 방적기'의 순서로 발달하였습니다.
- 옷감을 만드는 도구: '베틀 → 방직기'의 순서로 발달하였습니다.
- 옷감을 꿰매는 도구: '뼈바늘 → 쇠바늘 → 재봉틀'의 순서로 발달하였습니다.

2. 음식을 만드는 도구의 변화
- 재료를 가는 도구: '갈돌과 갈판 → 맷돌 → 믹서'의 순서로 발달하였습니다.
- 재료를 익히는 도구: '토기 → 시루 → 가마솥 → 전기밥솥'의 순서로 발달하였습니다.

① 옷을 만드는 도구의 변화

 옛날에는 풀이나 짐승의 가죽으로 옷을 만들었어. 시간이 흐른 뒤 동물의 뼈, 돌, 나무 등으로 만든 도구를 이용해 옷을 만들게 되었지.

실을 만드는 도구의 발달

가락바퀴 --------------------→ 방적기

먼 옛날에는 *가락바퀴로 가늘게 쪼갠 식물의 줄기를 꼬아서 실을 만들었습니다.

*가락바퀴: 둥근 구멍에 막대를 넣고 돌려서 실을 뽑는 도구

오늘날에는 *방적기를 이용하여 많은 양의 실을 빠르게 만듭니다.

*방적기: 실을 만들어 내는 기계

옷감을 만드는 도구의 발달

옛날 사람들은 베틀과 같은 도구를 사용해 직접 옷을 만들어 입었지만, 오늘날에는 대부분의 옷을 공장에서 만들고 있어.

베틀

베틀로 실을 고르게 한 뒤 서로 엇갈리게 엮어서 옷감을 만들었습니다.

방직기

오늘날에는 *방직기를 이용하여 빠르고 편리하게 많은 옷감을 만들 수 있습니다.

*방직기: 실을 뽑아서 옷감을 만드는 기계

옷감을 꿰매는 도구의 발달

뼈바늘

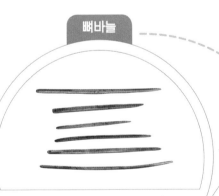

동물의 뼈를 다듬어 만든 바늘로 가죽이나 옷감을 꿰매 옷을 만들었습니다.

쇠바늘은 뼈바늘보다 단단하고 뾰족해.

쇠바늘

철로 만든 바늘로 옷감을 바느질하여 옷을 만들었습니다.

실을 만드는 도구, 옷감을 만들고 꿰매는 도구가 발달하면서 다양한 종류의 옷을 빠르고 편리하게 만들 수 있게 되었어.

재봉틀

바느질을 해 주는 기계인 재봉틀로 빠르고 정확하게 옷을 만듭니다.

❷ 음식을 만드는 도구의 변화

아주 먼 옛날에는	옛날에는	오늘날에는
• 갈돌과 갈판으로 곡식을 갈았습니다. • 흙으로 만든 토기에 음식 재료를 넣어 끓였습니다.	• 맷돌로 곡식 등의 음식 재료를 갈았습니다. • 철로 만든 가마솥에 밥을 짓고 재료를 끓였습니다.	• 믹서로 다양한 음식 재료를 갑니다. • 전기밥솥으로 쉽고 빠르게 밥을 짓습니다.

재료를 가는 도구의 발달

갈돌과 갈판

갈판 위에 곡식을 올리고
갈돌로 밀어서 껍질을 벗기거나
갈아서 가루로 만들었습니다.

윗돌에 난 구멍에 곡식을
넣으면서 손잡이를 돌리
면 곡식을 갈 수 있어.

맷돌

돌로 만든 맷돌로 곡식을
갈았습니다.

믹서

전기를 이용해 모터로 용기 안의
날카로운 칼날을 회전시켜 음식을
섞거나 가는 용도로 사용해.

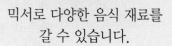

믹서로 다양한 음식 재료를
갈 수 있습니다.

오늘날에는 믹서, 전자레인지,
가스레인지 등 전기나 가스를 이용한
도구가 발달하였어.

재료를 익히는 도구의 발달

토기

흙으로 만든 그릇인 토기에 곡식을 넣고
끓여서 익히거나 국물이 있는 음식을
만들었습니다.

음식을 만드는 도구가 발달하면서
사람들은 음식을 안전하고 편리하게
만들어 먹을 수 있게 되었어.

시루

시루 바닥

물을 끓일 때 나오는 뜨거운 김이
시루 바닥의 구멍을 통해 올라와
음식을 쪄 먹었습니다.

철로 만든 무거운 솥뚜껑을 덮어
솥 안의 뜨거운 열로 음식을
골고루 익혔어.

가마솥

아궁이에서 불을 지핀 뒤,
그 위에 철로 만든 가마솥을 올려 밥을
짓고 재료를 끓여서 익혔습니다.

전기밥솥

전기를 이용하여 음식을 익히는
전기밥솥을 사용하여 쉽고 빠르게
밥을 짓습니다.

음식을 만드는 새로운 도구들이
등장하면서 예전에 비해 만들 수
있는 음식이 다양해지고, 음식을 만드는
시간도 줄어들었어.

개념 정리하기

1. **옷을 만드는 도구의 변화**: 옷을 만드는 도구가 발달하면서 다양한 종류의 옷을 빠르고 편리하게 만들 수 있게 되었습니다.

   ① 실을 만드는 도구의 발달 과정

가락바퀴	방적기
가락바퀴로 가늘게 쪼갠 식물의 줄기를 꼬아서 실을 만들었습니다.	방적기를 이용하여 많은 양의 실을 빠르게 만듭니다.

   ② 옷감을 만드는 도구의 발달 과정

베틀	방직기
베틀로 실을 고르게 한 뒤 서로 엇갈리게 엮어서 옷감을 만들었습니다.	방직기로 빠르고 편리하게 많은 옷감을 만들 수 있습니다.

   ③ 옷감을 꿰매는 도구의 발달 과정: 뼈바늘 → 쇠바늘 → 재봉틀

2. **음식을 만드는 도구의 변화**: 음식을 만드는 도구가 발달하면서 사람들은 다양한 음식을 안전하고 편리하게 만들어 먹을 수 있게 되었습니다.

   ① 재료를 가는 도구의 발달 과정: 갈돌과 갈판 → 맷돌 → 믹서
   ② 재료를 익히는 도구의 발달 과정

토기	흙으로 만든 그릇인 토기에 곡식을 넣고 끓여서 익혔습니다.
시루	시루 바닥의 구멍에서 올라오는 뜨거운 김으로 음식을 쪄 먹었습니다.
가마솥	철로 만든 가마솥에 밥을 짓고 재료를 끓여서 익혔습니다.
전기밥솥	전기밥솥을 사용하여 쉽고 빠르게 밥을 짓습니다.

초성 퀴즈 **다음 초성을 보고, 핵심 단어를 위에서 찾아 써 봅시다.**

| 정답과 해설 7쪽

1 [ㅈ | ㅂ | ㅌ]을 이용하여 빠르고 정확하게 옷감을 꿰맬 수 있습니다.

2 음식 재료를 가는 도구는 '갈돌과 갈판 → [ㅁ | ㄷ] → 믹서'의 순서로 발달하였습니다.

3 [ㄱ | ㅁ | ㅅ]에 밥을 지으면 철로 만든 무거운 솥뚜껑을 덮어 음식을 골고루 익힐 수 있습니다.

문제로 확인하기

| 정답과 해설 7쪽

1 옛날 사람들이 식물의 줄기를 꼬아서 실을 만들 때 이용했던 오른쪽과 같은 도구를 무엇이라고 하는지 쓰시오.

여기에 꽂은 막대기에 식물의 줄기를 꼬아서 실을 만들어요.

( )

2 옷을 만드는 도구로 알맞지 <u>않은</u> 것은 어느 것입니까? ( )

① 베틀　　② 방적기　　③ 뼈바늘　　④ 재봉틀　　⑤ 반달 돌칼

3 다음에서 설명하는 도구는 무엇입니까? ( )

> 바닥의 구멍에서 뜨거운 김이 올라와 음식을 쪄 먹을 수 있는 도구입니다.

① 맷돌　　② 믹서　　③ 시루　　④ 가마솥　　⑤ 갈판과 갈돌

4 다음은 음식을 만드는 도구입니다. (가)~(라) 중에서 가장 나중에 만들어진 것으로 쉽고 빠르게 밥을 할 수 있는 도구를 골라 기호를 쓰시오.

(가)	(나)	(다)	(라)

( )

 오늘의 핵심

❶ 오늘날에는 방적기, 방직기, 재봉틀과 같은 기계를 이용하여 다양한 종류의 옷을 쉽고 (느리게 · **빠르게**) 만들 수 있게 되었습니다.

❷ 옛날에는 흙으로 만든 그릇인 (**토기** · 전기밥솥)에 음식 재료를 넣어 끓였습니다.

집의 형태 변화

옛날 사람들은 동굴이나 움집에 살다가 차츰 초가집이나 기와집을 짓고 살 았습니다. 오늘날 사람들은 아파트 등 다양한 형태의 집에서 삽니다.

1. **동굴, 바위 그늘**: 옛날에는 새로운 먹을거리를 찾아 옮겨 다녔기 때문에 동굴 이나 바위 그늘에서 살았습니다.

2. **움집**: 땅을 파서 나무로 기둥을 세우고 그 위에 풀이나 짚을 덮은 움집을 짓고 살았습니다.

3. **초가집과 기와집**
   • 초가집: 흙과 나무로 뼈대를 만들고, 볏짚을 엮어 지붕을 덮은 초가집에서 살았습니다.
   • 기와집: 나무와 흙으로 벽을 만들고, 기와로 지붕을 덮은 기와집에서 살기 도 하였습니다.

4. **아파트와 연립 주택**: 오늘날에는 시멘트, 철근, 벽돌 등으로 지은 아파트나 연립 주택에 많이 삽니다.

❶ 집의 모습 변화

이동 생활을 했던 먼 옛날
• 사람들이 집을 짓지 않았습니다.
• 주로 동굴이나 바위 그늘에서 살았습니다.

정착 생활 시작
• 사람들이 한곳에 머물러 살게 되었습니다.
• 풀이나 짚, 나무 등을 이용해 움집을 지었습니다.

주로 농사를 짓던 옛날
• 볏짚을 이용해 초가집을 지었습니다.
• 흙을 구워 만든 기와를 이용해 기와집을 지었습니다.

오늘날
• 시멘트와 철근 등의 재료로 집을 짓습니다.
• 집의 형태가 다양해졌고, 여러 집이 한 건물에 모여 사는 형태가 많습니다.

시간의 흐름에 따라 사람들이 사는 집의 모습이 계속 달라졌네.

2 동굴

옛날에는 열매나 동물 등 먹을거리가 떨어지면 새로운 먹을거리를 찾아 이곳 저곳 옮겨 다녔기 때문에 동굴이나 바위 그늘에서 살았습니다.

사람들은 동굴이나 바위 그늘에서 모여 살며 추위와 더위를 피하고, 동물들의 공격으로부터 몸을 보호하였습니다.

3 움집

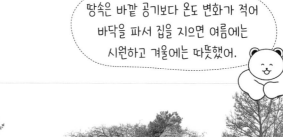

땅속은 바깥 공기보다 온도 변화가 적어 바닥을 파서 집을 지으면 여름에는 시원하고 겨울에는 따뜻했어.

사람들이 한곳에 머물러 살게 되면서 농사를 짓고 가축을 기르게 되었습니다. 사람들은 땅을 파서 단단한 나무로 기둥을 세우고 그 위에 풀이나 짚을 덮어 집을 지었습니다. 이러한 집의 형태를 움집이라고 합니다.

움집을 만드는 과정

햇볕이 잘 들어오는 쪽으로 입구를 만들었어.

땅을 파고 평평하게 다듬습니다.

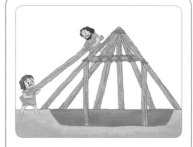

주변에 나무로 기둥을 세우고 연결합니다.

풀, 짚, 갈대 등으로 지붕을 만들어 덮습니다.

4 초가집과 기와집

시간이 흐른 뒤에 사람들은 주변에서 구하기 쉬운 흙과 나무로 집의 뼈대를 만든 뒤 볏짚을 엮어 지붕을 덮은 초가집에서 살았습니다. 농사를 지을 때 생기는 볏짚으로 일 년에 한 번씩 지붕을 새로 덮었습니다.

볏짚은 불에 잘 타고 쉽게 썩어서 사람들은 한 해 농사가 끝나면 새 볏짚으로 지붕을 바꿨어.

초가집과 기와집에 사는 사람들은 바닥에 온돌을 놓아 겨울을 따뜻하게 보냈어.

초가집

기와집

사람들은 나무와 흙으로 벽을 만들고, 기와로 지붕을 덮은 기와집에서 살기도 하였습니다.

기와는 흙을 구워 만들었기 때문에 튼튼하고 불에 잘 타지 않았습니다. 또한 잘 썩지 않아 오랫동안 지붕을 바꾸지 않고 살 수 있었습니다.

방바닥이 따뜻해졌어.

굴뚝

아궁이   구들장

전통 난방 장치인 온돌

옛날 사람들은 추위를 이겨 내려고 온돌을 이용하였습니다. 아궁이에 불을 피우면 뜨거운 열기가 방바닥 아래를 지나가면서 *구들장을 데워 방이 따뜻하였습니다. 구들장을 데운 연기는 굴뚝을 통해 빠져나갑니다.

*구들장: 방바닥 밑에 까는 얇고 넓은 돌

구들장은 오랫동안 식지 않아 계속해서 방을 따뜻하게 만들어 줘.

온돌을 보면 옛날 집에 담긴 지혜를 엿볼 수 있어. 온돌은 우리의 자랑스러운 문화유산이야.

⑤ 아파트와 연립 주택

오늘날 사람들은 시멘트, 철근, 벽돌 등 다양한 재료로 지은 집에 삽니다. 아파트와 연립 주택은 여러 층으로 높게 지어져 좁은 땅에서 많은 사람이 함께 살 수 있는 집의 형태입니다.

연립 주택

한 아파트에 사는 사람들은 공원이나 놀이터, 주차장 등을 함께 이용해.

아파트

아파트, 연립 주택 외에 한 건물에 한 집만 사는 단독 주택도 있어.

옛날과 오늘날의 집은 집을 만들 때 사용하는 재료가 다르다는 차이점이 있어. 하지만 사람들이 안전하게 살아갈 수 있도록 해 준다는 공통점도 있지.

기계로 물을 데워요.

오늘날의 난방 시설인 보일러

오늘날에 사용하는 보일러는 옛날 사람들이 온돌로 방을 따뜻하게 만든 지혜를 활용한 것입니다.
보일러에서 데워진 따뜻한 물이 방바닥 밑에 설치된 관을 따라 지나면서 방바닥 전체를 따뜻하게 데워 줍니다.

오늘날에는 보일러가 있어 집 안에서 따뜻하게 생활할 수 있어.

개념 정리하기

1. 집의 모습 변화

동굴

옛날 사람들은 먹을거리를 찾아 이동 생활을 했기 때문에 동굴이나 바위 그늘에서 살았습니다.

움집

정착 생활을 하고 농사를 짓기 시작하면서 땅을 파서 나무로 기둥을 세우고 그 위에 풀이나 짚을 덮은 움집에서 살았습니다.

초가집

농사를 짓던 사람들은 흙과 나무로 뼈대를 만들고 볏짚을 엮어 지붕을 덮은 초가집에서 살았습니다.

기와집

사람들은 나무와 흙으로 벽을 만들고, 기와로 지붕을 덮은 기와집에서 살기도 하였습니다.

아파트와 연립 주택

오늘날에는 여러 층으로 높게 지어져 좁은 땅에서 많은 사람이 함께 살 수 있는 아파트 등에 많이 삽니다.

2. 온돌과 보일러: 우리 조상들은 온돌을 사용해서 추운 겨울을 따뜻하게 보냈습니다. 오늘날의 보일러는 온돌의 원리를 이용한 것입니다.

초성 퀴즈 다음 초성을 보고, 핵심 단어를 위에서 찾아 써 봅시다.

| 정답과 해설 7쪽

1 먹을거리를 찾아 이동 생활을 했던 사람들은 주로 ⬜ㄷ⬜ ⬜ㄱ⬜ 이나 바위 그늘에서 살았습니다.

2 ⬜ㄱ⬜ ⬜ㅇ⬜ ⬜ㅈ⬜ 은 흙을 구워 만든 기와를 지붕에 얹은 집입니다.

1 사람들이 농사를 짓기 시작하면서 만든 오른쪽 사진과 같은 집을 무엇이라고 하는지 쓰시오.

(   )

2 초가집에 대한 설명으로 알맞지 <u>않은</u> 것은 어느 것입니까?   (   )

① 나무와 흙으로 만들었다.
② 지붕을 볏짚으로 덮었다.
③ 농사를 짓던 사람들이 살았다.
④ 주변에서 구하기 쉬운 재료로 만들었다.
⑤ 오랫동안 지붕을 바꾸지 않고 살 수 있었다.

3 다음 어린이가 설명하는 집으로 알맞은 것은 무엇입니까?   (   )

여러 층으로 나누어 높게 짓기 때문에 좁은 땅에 많은 사람들이 함께 살 수 있어.

① 동굴   ② 움집   ③ 기와집   ④ 아파트   ⑤ 초가집

4 다음과 같은 원리를 이용한 우리나라의 전통 난방 장치는 무엇인지 쓰시오.

아궁이에 땔감을 넣고 불을 피우면 뜨거운 열기가 방 아래의 통로로 이동하면서 구들장(넓은 돌)을 데웁니다. 데워진 구들장은 오랜 시간 동안 식지 않고 방바닥으로 열기를 전달해 계속해서 방을 따뜻하게 만들어 줍니다.

(   )

오늘의 핵심

❶ 사람들이 농사를 짓고 한곳에 모여 살면서 (동굴 · 움집)을 짓기 시작했습니다.

❷ 집의 형태는 시대가 변해도 달라지지 않습니다. (O · X)

집의 형태에 따른 생활 모습의 변화

일차

시대에 따라 집의 모습이 변화하면서 사람들의 생활 모습도 달라졌습니다.

1. **집의 형태에 따른 생활 모습**
   - 동굴: 동굴에서는 불을 피워서 몸을 따뜻하게 하고, 불에 직접 익힌 음식을 먹었습니다.
   - 움집: 움집 가운데에 돌로 테두리를 두르고 불을 피워 집 안을 따뜻하게 하였습니다.
   - 초가집과 기와집: 초가집과 기와집에 살던 사람들은 방, 마루, 부엌, 화장실 (뒷간) 등을 쓰임새에 맞게 나누어 사용하였습니다.
   - 아파트: 온 가족이 집안일을 같이 하고, 거실에 모여서 이야기를 나누며 시간을 보냅니다.

2. **옛날 사람들이 살았던 집의 모습과 생활 모습 조사하기**: 누리집 검색으로 알아보기, 어른께 여쭈어보기, 옛날 집을 소개한 책 살펴보기, 유적지나 민속촌 견학하기 등을 통해 조사할 수 있습니다.

① 집의 형태에 따른 생활 모습

동굴과 생활 모습

불에 직접 음식을 익혀 먹었어.

동굴에서 불을 피워서 몸을 따뜻하게 하고 음식을 나누어 먹었습니다. 돌로 도구를 만들거나 사냥한 동물과 자연에서 모은 식량을 손질하였습니다.

먼 옛날 사람들은 사나운 짐승이나 눈과 비 등을 피하기 위해 동굴이나 바위 그늘에서 살았어.

움집과 생활 모습

중앙에는 불을 피울 수 있는 화덕이 있었어.

움집에서는 쓰임새를 구분하지 않고 한 공간에서 여러 가지 일을 하며 살았어.

움집에서 음식을 만들어 먹고, 생활에 필요한 도구를 손질하기도 하였습니다. 집 가운데에 돌로 테두리를 두르고 불을 피워 집 안을 따뜻하게 하였습니다.

방과 부엌이 구분되어 쓰임새에 맞게 사용하였어.

초가집과 생활 모습

방과 떨어져 있는 부엌에서 음식을 만들었어.

방

마루

외양간

부엌

마당

화장실

외양간에서 가축을 길렀어.

초가집에는 방, 마루, 부엌, 화장실(뒷간), 외양간, 창고(헛간), 마당 등의 공간이 있었습니다. 화장실은 방과 멀리 떨어진 곳에 있었습니다. 마당에서는 농사와 관련된 일을 하거나 닭 등을 길렀습니다.

움집과 초가집의 차이점

움집

• 집 내부가 동그란 모양이었습니다.
• 하나의 공간으로 이루어져 있습니다.
• 여러 가지 일을 모두 한 공간에서 하였습니다.

초가집

• 집 모양이 네모나게 변하였습니다.
• 방, 부엌, 마당 등으로 공간을 구분하였습니다.
• 쓰임새가 다른 공간에서 각각 다른 일을 하였습니다.

안채

마루

사랑채

여자와 남자의 생활 공간이 안채와
사랑채로 구분되었어.

나무로 된 *대청마루는 바람이 잘
통하고 방으로 이동하기에 편리했
어. 사람들은 더운 여름에 대청마루
에서 시원하게 생활했지.

*대청: 방과 방 사이에 있는 큰 마루이자
바람이 통하는 길

기와집에는 안채와 사랑채 등의 공간이 있고, 화장실이 방과
떨어져 있었습니다. 기와집은 여자와 남자가 생활하는 공간
이 달랐습니다. 여자들은 주로 안채에서 생활하였고, 남자들
은 사랑채에서 글공부를 하거나 손님을 맞이하였습니다.

아파트와 생활 모습

화장실

주방

거실

오늘날에는 성별과 관계없이
함께 공간을 사용해.

옛날과 오늘날 집의 차이점

옛날의 초가집, 기와집

• 마당이 있었습니다.
• 화장실은 방이 있는 건물과 분리되어
  방과 멀었습니다.
• 남자와 여자가 집 안에서 하는 일이
  나뉘었습니다.

아파트 등 오늘날의 집

• 마당이 없는 집도 많습니다.
• 화장실이 주로 집 안에 있습니다.
• 가족이 집안일을 함께 합니다.

오늘날의 집은 대부분 거실과 주방이 연결되어 있고 화장실
이 집 안에 있습니다. 온 가족이 집안일을 같이 하고, 거실에
모여서 이야기를 나누며 시간을 보냅니다.

② 옛날 사람들이 살았던 집의 모습과 생활 모습 조사하기

조사 방법

누리집 검색으로
알아보기

어른께 여쭈어보기

옛날 집을 소개한
책 살펴보기

유적지나 민속촌,
민속 마을 견학하기

> 옛날 사람들이 살았던 집의 모습과
> 옛날 사람들의 생활 모습을 조사하면서
> 오늘날과의 차이점도 생각해 볼 수 있어.

조사 보고서 작성하기

조사 보고서

조사 주제	기와집의 모습과 옛날 사람들의 생활 모습
조사 기간	20○○년 ○○월 ○○일 ~ ○○월 ○○일
조사 방법	• 누리집 검색하기 • 민속 마을 견학하기

조사한 내용	• 기와집을 짓는 방법
	  – 굵은 나무로 기둥을 세우고, 흙으로 벽을 만들었습니다.
	  – 흙을 구워 만든 기와로 지붕을 덮었습니다.
	• 기와집의 특징: 기와는 불에 잘 타지 않고 잘 썩지 않아서 집이 튼튼합니다.
	• 기와집에 살았던 옛날 사람들의 생활 모습
	  – 주로 신분이 높은 양반이나 관리들이 살았습니다.
	  – 남자와 여자가 생활하는 공간이 구분되어 있었습니다. 사랑채에서는 주로 남자들이,
	    안채에서는 주로 여자들이 생활하였습니다.

개념 정리하기

1. 집의 형태에 따른 생활 모습: 시대에 따라 집의 모습이 변화하면서 사람들의 생활 모습도 달라졌습니다.

동굴	불을 피워서 몸을 따뜻하게 하고, 불에 직접 익힌 음식을 먹었습니다.	
움집	• 하나의 공간에서 음식을 만들어 먹고, 생활에 필요한 도구를 손질하기도 하였습니다. • 집 가운데에 돌로 테두리를 두르고 불을 피워 집 안을 따뜻하게 하였습니다.	
초가집	• 방, 마루, 부엌, 화장실(뒷간), 외양간, 창고(헛간), 마당 등의 공간이 있었습니다. • 화장실은 방과 멀리 떨어진 곳에 있었고, 마당에서는 농사와 관련된 일을 하거나 닭 등을 길렀습니다.	초가집과 기와집에 살던 사람들은 방, 마루, 부엌, 화장실 등을 쓰임새에 맞게 나누어 사용하였습니다.
기와집	• 안채와 사랑채 등의 공간이 있고, 화장실이 방과 떨어져 있었습니다. • 안채에서는 주로 여자들이 생활하였고, 사랑채에서는 남자들이 머물며 글공부를 하거나 손님을 맞이하였습니다.	
아파트	• 대부분 거실과 주방이 연결되어 있고 화장실이 집 안에 있습니다. • 온 가족이 집안일을 같이 하고, 거실에 모여서 이야기를 나누며 시간을 보냅니다.	

2. 옛날 사람들이 살았던 집의 모습과 생활 모습 조사하기

① 조사 방법: 누리집 검색으로 알아보기, 어른께 여쭈어보기, 옛날 집을 소개한 책 살펴보기, 유적지나 민속촌 견학하기 등이 있습니다.

② 조사 보고서 작성하기: 옛날 사람들이 살았던 집의 모습과 옛날 사람들의 생활 모습에 대해 조사한 내용을 바탕으로 조사 보고서를 작성할 수 있습니다.

초성 퀴즈 다음 초성을 보고, 핵심 단어를 위에서 찾아 써 봅시다. | 정답과 해설 8쪽

1 움집에 살던 사람들은 집 가운데에 돌로 테두리를 두르고 ㅂ 을 피워 집 안을 따뜻하게 하였습니다.

2 초가집의 ㅁ ㄷ 에서는 농사와 관련된 일을 하거나 닭 등을 길렀습니다.

3 ㄱ ㅇ ㅈ 은 보통 안채와 사랑채 등으로 이루어져 있었습니다.

문제로 확인하기

1 집의 형태에 따른 생활 모습을 옳게 말한 어린이는 누구인지 쓰시오.

움집에서는 방, 마루, 부엌, 화장실, 외양간 등을 쓰임새에 맞게 나누어 사용했어.

성준

기와집은 안채와 사랑채 등으로 구분되어 있는데, 안채에서는 주로 여자들이 생활했어.

승희

(   )

2 초가집에서의 생활 모습으로 알맞지 <u>않은</u> 것은 어느 것입니까? (   )

① 헛간에서 물건을 찾는 딸
② 부엌에서 음식을 하는 어머니
③ 외양간에서 소에게 먹이를 주는 아들
④ 마당에서 농사 도구를 손질하고 있는 할아버지
⑤ 집 가운데에 돌로 테두리를 두르고 불을 피워 고기를 굽고 있는 아버지

3 다음에서 설명하는 집으로 알맞은 것은 어느 것입니까? (   )

- 화장실이 집 안에 있다.
- 거실과 주방이 연결되어 있다.

① 동굴   ② 움집   ③ 기와집   ④ 아파트   ⑤ 초가집

4 옛날 사람들이 살았던 집의 모습을 조사하는 방법으로 알맞지 <u>않은</u> 것은 어느 것입니까? (   )

① 어른께 여쭈어보기   ② 직접 집을 지어 보기
③ 누리집 검색으로 알아보기   ④ 옛날 집을 소개한 책 살펴보기
⑤ 유적지나 민속촌, 민속 마을 견학하기

**오늘의
핵심**

❶ 기와집의 (안채 · 사랑채)에서는 대부분 여자들이 생활하였고, (안채 · 사랑채)에서는 남자들이 글공부를 하거나 손님을 맞이하였습니다.

❷ 오늘날에는 온 가족이 같이 식사를 준비하고 거실에서 이야기를 나누며 시간을 함께 보냅니다. (○ · X)

세시 풍속의 의미와 옛날의 세시 풍속

명절과 같이 해마다 반복되는 날에 되풀이해서 하는 일, 하는 놀이, 먹는 음식 등의 고유한 풍속을 세시 풍속이라고 합니다.

1. **세시 풍속**: 해마다 일정한 날이나 계절에 반복하는 우리 고유의 풍속을 말합니다.

2. **옛날의 세시 풍속**: 옛날에는 계절에 따라 설날, 정월 대보름, 동지, 한식, 단오, 삼복, 추석 등의 날에 여러 가지 세시 풍속을 즐겼습니다.
   - 설날: 집안의 웃어른께 세배를 드리고 떡국을 먹었습니다.
   - 정월 대보름: 보름달을 보면서 새해 소원을 빌고 달집태우기와 쥐불놀이를 하였습니다.
   - 동지: 팥죽을 만들어 먹었습니다.
   - 한식: 성묘를 하고 차가운 음식을 먹었습니다.
   - 단오: 그네뛰기와 씨름을 즐겼고 창포물에 머리를 감았습니다.
   - 삼복: 닭백숙, 육개장처럼 영양이 풍부한 음식을 먹었습니다.
   - 추석: 송편을 빚고 차례를 지냈으며, 강강술래를 하였습니다.

① 세시 풍속의 의미

여러분은 지난 추석에 무엇을 하였나요? — 선생님

저는 맛있는 송편을 만들었어요. — 지은

저는 할머니, 할아버지 댁에 다녀왔어요. — 시우

저희 집에서는 아침에 *차례를 지냈어요. — 세미

옛날부터 사람들은 설날, 추석 등 *명절이나 일정한 시기가 되면 음식을 준비해 조상에게 제사를 지내는 등 다양한 일을 하였어.

이처럼 해마다 일정한 시기에 되풀이하여 행해 온 고유의 생활 모습을 *세시 *풍속이라고 해.

*차례: 설날이나 추석과 같은 명절에 조상에게 올리는 제사

*세시: 매년 같은 시기에 반복되는 날

*명절: 매년 일정하게 기념하는 날

*풍속: 옛날부터 전해 내려오는 생활 습관

② 옛날의 세시 풍속

겨울의 세시 풍속

설날 *음력 1월 1일*

- **시기**: 새해가 시작되는 날입니다. 설날은 우리나라의 대표적인 명절입니다.
- **하는 일**: 아침에 *설빔을 입었습니다. 가족이 모여서 조상들께 차례를 지냈고, 집안의 웃어른께 세배를 드렸습니다.
- **하는 놀이**: 윷놀이, 연날리기, 널뛰기, 제기차기 등을 하였습니다.
- **먹는 음식**: 떡국을 먹었습니다.

 설날에 떡국을 먹으면 나이를 한 살 더 먹는다고 여겼어.

*음력: 달의 모양 변화를 기준으로 하여 한 달의 날짜를 세는 방법
*설빔: 설날에 입는 새 옷이나 새 신발

조상들의 세시 풍속은 농사와 관련된 것들이 많았어.

정월 대보름 음력 1월 15일

- **시기**: 새해 첫 보름달이 뜨는 날입니다.
- **하는 일**: 밤에 보름달을 바라보며 새해 소원을 빌고, *달집태우기를 했습니다.
- **하는 놀이**: 논과 밭에서 함께 *쥐불놀이를 하면서 그해의 풍년을 빌고, 나쁜 기운을 쫓았습니다.
- **먹는 음식**: 다섯 가지 곡식으로 지은 오곡밥을 먹고 *부럼 깨물기를 하며 한 해 동안의 건강을 빌었습니다.

*달집태우기: 정월 대보름날 달이 떠오를 때 달집(나무 무더기)에 불을 질러 태우며 노는 풍속
*쥐불놀이: 기다란 막대나 줄에 불을 달고 빙빙 돌리며 노는 놀이
*부럼 깨물기: 호두, 땅콩 등의 딱딱한 열매를 어금니로 깨물어 먹는 풍속

쥐불놀이
달집태우기

사람들은 논이나 밭의 언덕에 불을 놓아 해로운 벌레를 쫓고 농사가 잘되기를 바라는 뜻으로 쥐불놀이를 했어.

동지 12월 22일 무렵

- **시기**: 일 년 중 낮이 가장 짧고 밤이 가장 긴 날입니다. 사람들은 동지를 한 해를 마무리하고 새해를 맞이하는 날로 생각하였습니다.
- **하는 일**: 새해 달력을 주고받았습니다.
- **먹는 음식**: 팥죽을 만들어 먹었습니다.

 사람들은 붉은 팥이 나쁜 기운을 쫓는다고 믿었어. 그래서 동짓날이 되면 팥죽을 먹고 대문에 팥죽을 뿌리기도 하였어.

봄의 세시 풍속

한식 **4월 5일 무렵**

- **시기:** 한 해 농사가 시작되는 때입니다.
- **하는 일:** 한 해 농사가 잘되기를 바라며 *성묘를 하였습니다.
- **먹는 음식:** 불을 사용하지 않고 만든 찬 음식을 먹었습니다.

*성묘: 조상의 산소를 찾아가서 돌봄.

> 계절에 맞는 음식을 만들어 먹거나 상대방이 잘되기를 빌어 주는 말을 주고받는 등 건강이나 복을 비는 세시 풍속도 있었지.

여름의 세시 풍속

단오 **음력 5월 5일**

- **시기:** 더위가 시작되는 때로, 모내기가 끝날 무렵입니다.
- **하는 일:** 나쁜 기운을 쫓는다는 의미로 창포의 잎과 뿌리를 삶은 창포물에 머리를 감았습니다. 그리고 여름을 시원하게 잘 지내라는 의미로 부채를 주고받았습니다.
- **하는 놀이:** 그네뛰기와 *씨름 등을 하였습니다.
- **먹는 음식:** *수리취떡을 먹었습니다.

*씨름: 두 사람이 샅바를 잡고, 여러 기술로 상대방을 넘어뜨리는 운동
*수리취떡: 산에서 자라는 풀인 수리취의 잎을 넣어 시루에 찐 떡

삼복 **7월과 8월 중**

- **시기:** 여름 중에서도 몹시 더운 때로, 첫 번째 복날을 초복, 두 번째 복날을 중복, 세 번째 복날을 말복이라고 합니다.
- **하는 일:** 시원한 계곡이나 산으로 놀러 가서 물에 발을 담그기도 하며 더위를 피하였습니다.
- **먹는 음식:** 닭백숙, 육개장처럼 영양이 풍부한 음식을 먹었습니다.

가을의 세시 풍속

추석 음력 8월 15일

- **시기:** 한 해 동안 농사지은 곡식과 과일이 익어 수확할 때입니다. 추석은 '한가위'라고도 합니다.
- **하는 일:** 조상들께 감사하는 마음을 담아 처음 수확한 햇곡식과 햇과일로 차례를 지내고 성묘를 하였습니다.
- **하는 놀이:** *강강술래, 줄다리기 등을 하였습니다.
- **먹는 음식:** 송편과 토란국을 먹었습니다.

*강강술래: 사람들이 손을 잡고 원을 그리며 도는 놀이

중양절 음력 9월 9일

- **시기:** 수확을 마무리하는 때입니다.
- **하는 일:** 단풍과 국화를 구경하려고 나들이를 갔습니다.
- **먹는 음식:** 국화로 만든 술과 떡을 먹기도 하였습니다.

 중양절이 있는 시기에는 단풍이 들고 국화가 피었어.

우리 조상들은 계절에 맞는 세시 풍속을 즐겼어.

세시 풍속에 조상들의 생활 모습과 지혜가 담겨 있구나.

세계 무형 문화유산으로 등재된 우리나라의 세시 풍속

강릉 단오제

강릉 단오제는 강릉에서 전해 내려오는 단오 축제입니다. 가면 연극을 공연하고, 그네뛰기 등을 체험할 수 있습니다.

씨름

옛날에는 마을의 씨름 대회에서 우승한 사람을 장사라 부르고, 우승한 사람에게 황소를 상으로 주었습니다.

강강술래

강강술래는 주로 추석에 하였습니다. 강강술래를 할 때 사람들은 노래에 맞춰 다양한 동작을 하였습니다.

개념 정리하기

1. **세시 풍속**: 명절과 같이 해마다 반복되는 날에 되풀이해서 하는 일, 하는 놀이, 먹는 음식 등의 고유한 풍속을 말합니다.

2. 옛날의 세시 풍속

설날	• 시기: 음력 1월 1일로, 새해가 시작되는 날입니다. • 세시 풍속: 가족이 모여서 차례를 지냈고, 집안의 웃어른께 세배를 드렸습니다. 윷놀이, 연날리기 등을 하고 떡국을 먹었습니다.
정월 대보름	• 시기: 음력 1월 15일로, 새해 첫 보름달이 뜨는 날입니다. • 세시 풍속: 보름달을 바라보며 새해 소원을 빌고, 달집태우기와 쥐불놀이를 하였습니다. 오곡밥을 먹고 부럼을 깨물기도 하였습니다.
동지	• 시기: 12월 22일 무렵으로 일 년 중 밤이 가장 긴 날입니다. • 세시 풍속: 팥죽을 만들어 먹으며 나쁜 기운을 몰아내고자 하였습니다.
한식	• 시기: 4월 5일 무렵입니다. • 세시 풍속: 성묘를 하고, 차가운 음식을 먹었습니다.
단오	• 시기: 음력 5월 5일입니다. • 세시 풍속: 창포물에 머리를 감고, 여름을 시원하게 지내라는 의미로 부채를 주고받았습니다. 그네뛰기와 씨름 등을 하였습니다.
삼복	• 시기: 몹시 더운 7월과 8월 중입니다. • 세시 풍속: 시원한 계곡이나 산에 놀러 가서 물에 발을 담그고, 닭백숙과 육개장처럼 영양이 풍부한 음식을 먹었습니다.
추석	• 시기: 음력 8월 15일입니다. • 세시 풍속: 햇곡식과 햇과일로 조상들께 차례를 지내고 성묘를 하였습니다. 강강술래, 줄다리기 등을 하고 송편을 먹었습니다.
중양절	• 시기: 음력 9월 9일입니다. • 세시 풍속: 단풍과 국화를 구경하려고 나들이를 가고, 국화로 만든 술과 떡을 먹었습니다.

초성 퀴즈 다음 초성을 보고, 핵심 단어를 위에서 찾아 써 봅시다.

| 정답과 해설 8쪽

1 ㅅㅅㅍㅅ 은 명절과 같이 해마다 반복되는 날에 되풀이해서 하는 일, 하는 놀이, 먹는 음식 등의 고유한 풍속을 말합니다.

2 ㅅㄴ 에는 조상들께 차례를 지내고 집안의 웃어른께 세배를 드렸습니다.

1 다음 중 우리나라의 명절이 <u>아닌</u> 날은 언제입니까? ( )

① 단오   ② 설날   ③ 추석
④ 크리스마스   ⑤ 정월 대보름

2 다음 그림과 같은 세시 풍속을 볼 수 있는 명절을 쓰시오.

( )

3 단오의 세시 풍속에 대해 <u>잘못</u> 이야기한 어린이는 누구인지 쓰시오.

부채를 주고 받았어.   창포물에 머리를 감았어.   찬 음식을 먹었어.

지은   시우   세미   ( )

4 각 명절에 먹는 음식을 연결한 것으로 알맞은 것은 어느 것입니까? ( )

① 설날 – 송편   ② 추석 – 떡국   ③ 동지 – 오곡밥
④ 삼복 – 닭백숙   ⑤ 정월 대보름 – 팥죽

오늘의 핵심

❶ 세시 풍속은 해마다 일정한 시기에 되풀이하여 행해 온 고유의 생활 모습을 말합니다.

(O . X)

❷ 음력 8월 15일인 (추석 . 중양절)에는 햇곡식과 햇과일로 차례를 지냈고 강강술래를 하였습니다.

다양한 세시 풍속 조사하기

옛날부터 전해 내려오는 다양한 세시 풍속을 여러 가지 방법으로 조사할 수 있습니다.

1. **다양한 세시 풍속 조사하기**
   ❶ 조사할 세시 풍속 정하기: 어떤 날의 세시 풍속을 조사할지 정합니다.
   ❷ 세시 풍속 조사하기: 인터넷으로 검색하기, 책에서 찾아보기, 면담하기, 견학하기 등의 방법으로 세시 풍속을 조사합니다.
   ❸ 조사한 세시 풍속의 내용 정리하기: 조사 보고서를 작성하여 조사한 세시 풍속을 정리합니다.

2. **다양한 세시 풍속 소개하기**
   • 세시 풍속 소개하기: 모둠별로 조사한 날의 세시 풍속을 친구들에게 소개할 수 있습니다.
   • 친구들이 소개한 내용 정리하기: 친구들이 소개한 세시 풍속의 내용을 생각 그물 등으로 정리할 수 있습니다.

❶ 다양한 세시 풍속 조사하기

① 조사할 세시 풍속 정하기

② 세시 풍속 조사하기

컴퓨터실

인터넷으로 검색하기

세시 풍속을 인터넷에서 검색해 봐야겠다.

여러 가지 방법으로 세시 풍속을 조사해 볼 수 있구나.

인터넷으로 세시 풍속을 찾아볼 수 있습니다.

책에서 찾아보기

도 서 관

세시 풍속과 관련된 책을 읽어 봐야지.

도서관에서 책을 이용하여 세시 풍속을 조사할 수 있습니다.

삼짇날의 세시 풍속에 대해 알려 주세요.

*면담하기

주변 어른께 세시 풍속에 대해 여쭈어볼 수 있습니다.

*면담: 서로 만나서 이야기를 하는 것

견학하기

박 물 관

박물관에 직접 가서 다양한 세시 풍속을 알아보자.

박물관 견학을 할 수 없을 때에는 박물관 누리집이나 박물관에서 발행한 *도록 등을 활용할 수 있어.

*도록: 내용을 그림이나 사진으로 엮은 목록

박물관, 민속촌, 민속 마을 등을 견학하여 세시 풍속을 조사하거나 체험할 수 있습니다.

세시 풍속 조사 보고서

조사 주제	다양한 세시 풍속
조사 기간	20○○년 ○○월 ○○일 ~ ○○월 ○○일
조사한 사람	윤아, 진우, 혜리, 민준
조사 방법	• 인터넷으로 검색하기 • 책에서 찾아보기
조사 장소	컴퓨터실, 도서관

조사 내용	삼짇날	• 시기: 음력 3월 3일로, 새봄을 알리는 날입니다. • 세시 풍속 – 시냇가나 계곡에 가서 꽃을 구경하였습니다. – 찹쌀가루로 둥근 전을 만든 뒤 진달래꽃을 올리고 참기름을 발라 구워 먹었습니다. – 전국 각지에서 활을 쏘는 장소에 모여서 편을 나누고 활쏘기 솜씨를 겨루기도 하였습니다.
	백중	• 시기: 음력 7월 15일로, 농사일이 어느 정도 끝나는 시기입니다. • 세시 풍속: 그동안 애쓴 일꾼들이 *호미를 씻어 걸어 두고, 이날만큼은 마음껏 먹고 놀았습니다.
	상달	• 시기: 음력 10월입니다. 농사일이 끝나고 먹을거리가 많아 '가장 좋은 달'이라는 뜻에서 상달이라고 불렸습니다. • 세시 풍속: 다가오는 겨울을 대비해 겨울 동안 먹을 김치를 한꺼번에 담그는 김장을 하고, *메주를 띄웠습니다.

느낀 점	• 옛날부터 전해 내려오는 세시 풍속을 조사해 보니 즐거웠습니다. • 다양한 세시 풍속을 직접 체험해 보고 싶어졌습니다.

*호미: 논이나 밭의 잡풀을 뽑을 때 쓰는 농기구
*메주: 삶은 콩을 찧어 작게 뭉쳐서 띄워 말린 것

이렇게 정리하니까 우리가 조사한 세시 풍속을 한눈에 알 수 있네!

명절마다 먹는 음식, 하는 일, 하는 놀이 등이 조사 내용에 들어갈 수 있어.

② 다양한 세시 풍속 소개하기

세시 풍속 소개하기

모둠별로 조사한 날의 세시 풍속을 친구들에게 발표하거나, 각자 조사한 내용을 모둠 친구들에게 돌아가며 소개할 수도 있어.

삼짇날에는 진달래꽃으로 전을 만들어 먹고, 활쏘기 시합을 하였습니다.

오늘날에는 옛날과 달리 삼짇날의 세시 풍속이 대부분 사라졌습니다.

친구들이 소개한 내용 정리하기

친구들의 소개를 듣고 알게 된 세시 풍속의 내용을 생각 그물로 정리할 수 있어.

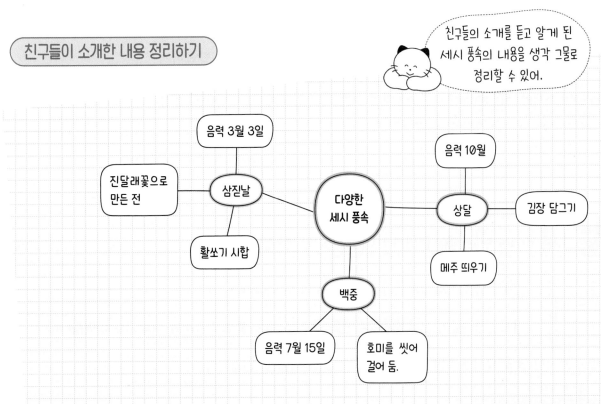

개념 정리하기

1. 다양한 세시 풍속 조사하기

조사할 세시 풍속 정하기	모둠별로 혹은 각자 어떤 날의 세시 풍속을 조사할지 정합니다.
세시 풍속 조사하기	• 인터넷으로 검색하기: 인터넷을 이용하여 세시 풍속을 찾아볼 수 있습니다. • 책에서 찾아보기: 도서관에서 책을 이용하여 세시 풍속을 조사할 수 있습니다. • 면담하기: 주변 어른께 세시 풍속에 대해 여쭈어볼 수 있습니다. • 견학하기: 박물관, 민속촌, 민속 마을 등을 견학하여 세시 풍속을 조사하거나 체험할 수 있습니다.
조사한 세시 풍속의 내용 정리하기	조사 보고서 등을 작성하여 조사한 세시 풍속의 내용을 정리합니다. 예 삼짇날의 세시 풍속 – 시냇가나 계곡에 가서 꽃을 구경하였습니다. – 진달래꽃으로 전을 만들어 먹었습니다. – 활쏘기 솜씨를 겨루기도 하였습니다. 예 백중의 세시 풍속: 그동안 애쓴 일꾼들이 호미를 씻어 걸어 두고, 이날만큼은 마음껏 먹고 놀았습니다. 예 상달의 세시 풍속 – 다가오는 겨울을 대비해 겨울 동안 먹을 김치를 한꺼번에 담그는 김장을 하였습니다. – 메주를 띄웠습니다.

2. 다양한 세시 풍속 소개하기

① 세시 풍속 소개하기: 모둠별로 조사한 날의 세시 풍속을 친구들에게 발표하거나, 각자 조사한 내용을 모둠 친구들에게 돌아가며 소개할 수 있습니다.
② 친구들이 소개한 내용 정리하기: 친구들의 소개를 듣고 알게 된 세시 풍속의 내용을 생각 그물 등으로 정리할 수 있습니다.

초성 퀴즈 다음 초성을 보고, 핵심 단어를 위에서 찾아 써 봅시다. | 정답과 해설 9쪽

1 ㄷ ㅅ ㄱ 에서 책을 이용하여 세시 풍속을 조사할 수 있습니다.

2 ㅅ ㅈ ㄴ 에는 사람들이 진달래꽃으로 전을 만들어 먹고, 활쏘기 솜씨를 겨루기도 하였습니다.

3 모둠별로 조사한 날의 세시 풍속을 친구들에게 ㅅ ㄱ 할 수 있습니다.

문제로 확인하기

1 다음은 세시 풍속을 조사하는 과정입니다. 순서대로 기호를 나열하시오.

> ㉠ 세시 풍속 조사하기
> ㉡ 조사할 세시 풍속 정하기
> ㉢ 조사한 세시 풍속의 내용 정리하기

(→   →   )

2 세시 풍속을 조사하는 방법 중 다음 그림에 해당하는 것은 무엇입니까? (   )

백중의 세시 풍속이 무엇인지 알려 주세요.

① 견학하기
② 면담하기
③ 책에서 찾아보기
④ 직접 체험해 보기
⑤ 인터넷으로 검색하기

3 다음은 친구들이 소개한 세시 풍속의 내용을 정리한 생각 그물입니다. 빈칸에 들어갈 알맞은 말은 무엇입니까? (   )

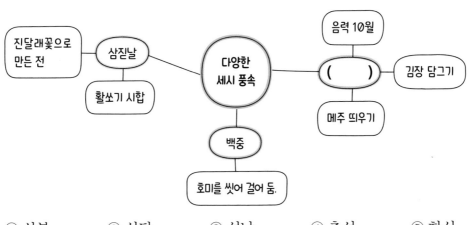

① 삼복   ② 상달   ③ 설날   ④ 추석   ⑤ 한식

오늘의
핵심

❶ 세시 풍속을 조사하는 방법으로 인터넷으로 검색하기, 책에서 찾아보기, 면담하기, 견학하기 등이 있습니다.   O ・ X

❷ 세시 풍속을 조사한 후에 (조사 계획서 ・ 조사 보고서)를 작성하여 조사한 내용을 정리할 수 있습니다.

옛날과 오늘날의 세시 풍속 비교하기

오늘날에는 교통과 통신, 과학 기술의 발달로 직업이 다양해지면서 세시 풍속의 모습이 많이 바뀌었습니다.

1. 세시 풍속의 변화

- 옛날에는 농사와 관련된 세시 풍속이 계절에 따라 다양했습니다.
- 오늘날에는 농사와 관련된 세시 풍속이 많이 사라졌고, 설날이나 추석과 같은 큰 명절의 세시 풍속만 이어져 내려오고 있습니다.
- 옛날에는 계절에 맞춰 세시 풍속을 즐겼는데, 오늘날에는 계절에 관계없이 세시 풍속을 즐길 수 있습니다.

2. 옛날과 오늘날의 설날 세시 풍속 비교

공통점	• 복을 바라고 나쁜 기운을 쫓는 다양한 세시 풍속이 있습니다. • 웃어른께 세배를 드리고 떡국을 먹습니다.
차이점	• 옛날에는 오늘날보다 더 다양한 세시 풍속이 있었습니다. • 옛날에는 윷놀이를 하며 한 해의 운세를 점치기도 하였지만, 오늘날에는 재미있는 놀이로 윷놀이를 합니다.

❶ 내가 경험한 설날의 모습 이야기하기

지난 설날에는 친척들이 모여서 차례를 지내고 떡국을 먹었어.

우리는 설날에 차례를 지내지 않아. 친척들과 휴대 전화로 인사를 주고받았어.

가족마다 명절을 보내는 모습이 다양하구나.

오늘날 사람들의 생활 모습이 바뀌면서 세시 풍속도 달라졌어.

② 세시 풍속의 변화

옛날의
세시 풍속

> 옛날 우리 조상들은 대부분 농사를 지었고, 계절의 변화에 따라 해야 하는 농사일이 정해져 있었어.

> 옛날의 세시 풍속은 계절과 농사의 영향을 많이 받았구나.

겨울

겨울에는 보름달을 보며 새해에도 풍년이 들기를 빌고, 복을 기원하였습니다.

봄

봄에는 씨를 뿌리고, 한 해 농사가 잘되기를 빌며 조상의 산소에 찾아가 성묘를 했습니다.

가을

가을에는 수확한 곡식과 과일로 조상들께 감사의 뜻을 담아 차례를 지내고, 맛있는 음식을 만들어 먹었습니다.

여름

여름에는 농사의 풍년을 기원하며 축제를 열고, 영양이 풍부한 음식을 먹었습니다.

오늘날
세시 풍속의
변화

> 농사와 관련된 세시 풍속이 많이 사라졌고, 설날이나 추석과 같은 큰 명절의 세시 풍속만 이어져 내려오고 있습니다.

오늘날에는 교통과 통신, 과학 기술의 발달로 직업이 다양해지면서 농사짓는 사람이 줄어들었어. 이에 따라 농사와 관련된 세시 풍속이 많이 사라졌지.

> 계절에 관계없이 언제든지 세시 풍속을 즐길 수 있습니다.

3 옛날과 오늘날의 설날 세시 풍속 비교하기

옛날의
설날 세시 풍속

설날은 한 해가 시작되는 첫날로,
복을 바라고 나쁜 기운을 쫓는
다양한 풍속이 있어.

오늘날의
설날 세시 풍속

*야광귀가 가져가지 않도록 신발을 방 안에 두었습니다.

*야광귀: 설날 밤에 아이들의 신발을 가져간다는 귀신으로, 신발을 잃어버리면 일 년 운이 나쁘다고 믿었음.

평소에 떨어져 사는 가족과 친척들이 한자리에 모입니다.

복이 많이 들어오기를 빌며 *복조리를 집 안에 걸었습니다.

*복조리: 새해에 많은 복을 받는다고 하여 부엌이나 마루의 벽에 걸어 놓는 조리

가족과 친구들에게 연락하여 새해에 복이 많기를 바라는 마음을 전합니다.

아침에는 설빔을 입었고, 가족들이 모여서 조상들께 차례를 지냈습니다.

차례를 지내는 집도 있고, 차례를 지내지 않는 집도 있습니다.

웃어른께 세배를 드리고 떡국을 먹었습니다.

웃어른께 세배를 드리고, 떡국을 먹습니다.

사람들이 모여 윷놀이를 하였습니다. 윷으로 한 해 동안의 운세를 점치기도 하였습니다.

다양한 전통 놀이를 즐깁니다. 전통 놀이를 체험할 수 있는 곳을 찾아가기도 합니다.

오늘날에도 설날에 웃어른께 세배 드리고 떡국을 먹는 풍속은 이어져 내려오고 있어.

옛날과 오늘날의 세시 풍속을 비교하는 보고서 쓰기

조사 보고서

조사 주제		옛날과 오늘날 설날의 세시 풍속 비교
조사 방법		인터넷 검색하기, 책 찾아보기, 면담하기
조사한 내용	**옛날의 세시 풍속**	• 복이 많기를 바라며 복조리를 집 안에 걸었습니다. • 차례를 지냈습니다. • 웃어른께 세배를 드리고 덕담을 주고받았습니다. • 떡국을 만들어 먹었습니다. • 마을 사람들이 모여 윷놀이를 하였고, 윷놀이로 한 해의 운세를 점치기도 하였습니다.
	오늘날의 세시 풍속	• 평소에 떨어져 사는 가족이 한자리에 모입니다. • 차례를 지내는 집도 있고 그렇지 않은 집도 있습니다. • 웃어른께 세배를 드리고 덕담을 주고받습니다. • 떡국을 만들거나 사 먹습니다. • 가족과 윷놀이를 하거나 전통 놀이를 체험하는 곳에 찾아갑니다.
	옛날과 오늘날 세시 풍속의 공통점	• 웃어른께 세배를 드립니다. • 떡국을 먹습니다. • 윷놀이를 합니다.
	옛날과 오늘날 세시 풍속의 차이점	• 옛날에는 윷놀이를 하며 한 해의 운세를 점치기도 하였지만, 오늘날에는 재미있는 놀이로 윷놀이를 합니다. • 옛날에는 복조리를 집 안에 걸어 두는 등 오늘날보다 다양한 세시 풍속이 있었습니다. • 오늘날에는 멀리 떨어져 사는 가족을 만나기 위해 차를 타고 이동합니다.

오늘날 세시 풍속의 특징

• 농사와 관련된 세시 풍속이 많이 사라졌고, 주로 설날이나 추석과 같은 큰 명절을 지냅니다.
• 계절이나 날씨에 상관없이 세시 풍속을 체험할 수 있습니다.
• 고장마다 다양한 축제를 열어 세시 풍속을 이어 가고 있습니다.

오늘날에는 생활 모습이 달라져 세시 풍속이 옛날과 차이가 있어.

하지만 가족이 모여 함께 음식을 만들고 명절의 기쁨을 나누는 것은 변함이 없구나!

개념 정리하기

1. 농사와 관련된 옛날의 세시 풍속

겨울	보름달을 보며 새해에도 풍년이 들기를 빌고, 복을 기원하였습니다.
봄	씨를 뿌리고, 한 해 농사가 잘되기를 빌며 조상의 산소에 찾아가 성묘를 했습니다.
여름	농사의 풍년을 기원하며 축제를 열고, 영양이 풍부한 음식을 먹었습니다.
가을	수확한 곡식과 과일로 조상들께 감사의 뜻을 담아 차례를 지내고, 맛있는 음식을 만들어 먹었습니다.

↳ 옛날에는 농사와 관련된 세시 풍속이 계절에 따라 다양했습니다.

2. 오늘날의 세시 풍속

① 오늘날에는 교통과 통신, 과학 기술의 발달로 직업이 다양해지면서 세시 풍속의 모습이 많이 바뀌었습니다.
② 농사와 관련된 세시 풍속이 많이 사라졌고, 설날이나 추석과 같은 큰 명절의 세시 풍속만 이어져 내려오고 있습니다.
③ 옛날에는 계절에 맞춰 세시 풍속을 즐겼는데, 오늘날에는 계절에 관계없이 세시 풍속을 즐길 수 있습니다.

3. 옛날과 오늘날의 설날 세시 풍속 비교

구분	옛날의 설날	오늘날의 설날
세시 풍속	• 복조리를 집 안에 걸었습니다. • 차례를 지내고, 웃어른께 세배를 드렸습니다. • 윷놀이를 하며 한 해 동안의 운세를 점치기도 하였습니다.	• 평소에 떨어져 사는 가족과 친척들이 한자리에 모입니다. • 웃어른께 세배를 드리고 떡국을 먹습니다. • 다양한 전통 놀이를 체험합니다.
공통점	\multicolumn{2}{}{• 복을 바라고 나쁜 기운을 쫓는 다양한 세시 풍속이 있습니다. • 웃어른께 세배를 드리고 떡국을 먹습니다.}	
차이점	\multicolumn{2}{}{• 옛날에는 오늘날보다 더 다양한 세시 풍속이 있었습니다. • 옛날에는 윷놀이를 하며 한 해의 운세를 점치기도 하였지만, 오늘날에는 재미있는 놀이로 윷놀이를 합니다.}	

초성 퀴즈 다음 초성을 보고, 핵심 단어를 위에서 찾아 써 봅시다.

정답과 해설 9쪽

1 옛날에는 [ㄱ] [ㅇ]이 되면 수확한 곡식과 과일로 조상들께 감사의 뜻을 담아 차례를 지냈습니다.

2 오늘날에는 직업이 다양해지면서 [ㄴ] [ㅅ]와 관련된 세시 풍속이 많이 사라졌습니다.

3 설날에 웃어른께 [ㅅ] [ㅂ]를 드리고 [ㄸ] [ㄱ]을 먹는 세시 풍속은 오늘날까지 이어지고 있습니다.

문제로 확인하기

| 정답과 해설 9쪽

1 다음 □ 안에 공통으로 들어갈 알맞은 말을 쓰시오.

> 옛날에 우리 조상들은 주로 [   ]를 짓고 살았기 때문에 [   ]와 관련된 세시 풍속이 계절에 따라 다양했습니다.

(   )

2 오늘날 세시 풍속의 모습이 많이 바뀐 까닭으로 알맞지 <u>않은</u> 것은 어느 것입니까?

(   )

① 직업이 다양해졌기 때문이다.
② 과학 기술이 발전하였기 때문이다.
③ 교통과 통신이 발달하였기 때문이다.
④ 옛날보다 농사를 짓는 사람이 늘어났기 때문이다.
⑤ 오늘날에는 옛날보다 날씨와 계절의 영향을 적게 받기 때문이다.

3~4 다음 보기 는 설날의 세시 풍속입니다. 물음에 답하시오.

> **보기**
> ㉠ 웃어른께 세배를 드리고 떡국을 먹는다.
> ㉡ 민속촌에 가서 다양한 전통 놀이를 체험한다.
> ㉢ 야광귀가 가져가지 않도록 신발을 방 안에 둔다.
> ㉣ 복이 많기를 바라며 복조리를 집 안에 걸어 둔다.

3 오늘날보다 옛날에 주로 볼 수 있었던 설날의 세시 풍속을 보기 에서 <u>두 가지</u> 골라 기호를 쓰시오.

(,   )

4 옛날과 오늘날의 설날 세시 풍속의 공통점을 보기 에서 골라 기호를 쓰시오.

(   )

오늘의 핵심

❶ 옛날의 세시 풍속은 오늘날에 비해 계절과 날씨의 영향을 (많이 · 적게) 받았습니다.

❷ 오늘날 사람들의 생활 모습이 달라지면서 옛날의 세시 풍속이 모두 사라졌습니다.

(O · X)

세시 풍속 체험하기

옛날부터 전해 내려오는 세시 풍속을 직접 체험해 보면서, 함께 어울려 즐기며 놀이를 하고 복을 빌던 조상들의 모습을 알 수 있습니다.

1. **단오 부채 만들기**: 우리 조상들은 단오에 더운 여름을 시원하게 보내라는 의미로 부채를 주고받았습니다. 단오 부채를 만들어 친구에게 선물할 수 있습니다.

2. **윷놀이하기**: 윷놀이는 윷을 던져 말을 움직이며 노는 놀이입니다. 윷놀이 방법을 익혀 친구들과 윷놀이를 할 수 있습니다.

3. **송편 만들기**: 우리 조상들은 곡식과 과일을 거두는 시기인 추석에 감사하는 마음을 담아 송편을 만들어 먹었습니다. 옛날 사람들의 마음을 생각하며 송편을 만들어 먹을 수 있습니다.

4. **제기 만들기**: 제기차기는 제기를 발로 차면서 노는 놀이입니다. 직접 제기를 만들어 친구들과 제기차기를 해 볼 수 있습니다.

❶ 세시 풍속 체험하기

단오 부채 만들기

우리 조상들은 단오 때 더운 여름을 시원하게 보내라는 의미로 '단오선'이라는 부채를 주고받았어.

준비물
부채 모양의 종이 두 장, 나무젓가락,
색연필, 사인펜, 풀 등

1 부채 모양의 종이에 색연필과 사인펜 등으로 그림을 그려 예쁘게 꾸밉니다.

2 부채 모양의 종이 두 장 사이에 나무젓가락을 끼워 넣고 풀로 붙여 완성합니다.

단오 부채를 친구와 서로 주고받아봐.

윷놀이하기

윷놀이는 윷을 던져 말을 움직이며 노는 놀이야.

준비물
윷, 윷판, 윷말

①

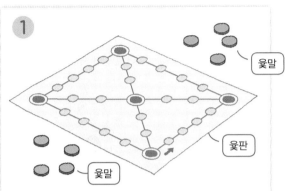

윷말

윷판

윷말

모둠을 두 편으로 나눕니다. 윷판을 놓고 양쪽 다 윷말을 네 개씩 갖습니다.

설날부터 정월 대보름 사이에는 마을 사람들이 함께 모여서 풍년을 기원하고 한 해의 운세를 점치며 윷놀이를 하였어.

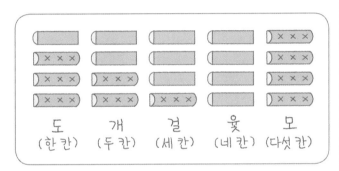

도	개	걸	윷	모
(한 칸)	(두 칸)	(세 칸)	(네 칸)	(다섯 칸)

윷을 던져서 윷이나 모가 나오거나, 상대편 윷말을 잡으면 윷을 한 번 더 던질 수 있어.

②

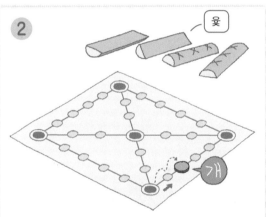

윷

개

순서를 정해 윷을 던지고, 윷이 뒤집힌 모양에 따라 윷말을 옮깁니다.

우리 편의 윷말과 만나면 윷말을 업어서 함께 옮길 수도 있어.

③

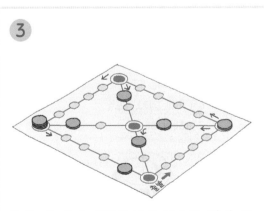

윷말 네 개가 출발하였던 칸으로 먼저 돌아오는 모둠이 이깁니다.

윷판에서 ◉로 표시된 곳에 윷말이 도착하면 짧은 길로 꺾어 갈 수 있어.

송편 만들기

준비물
쌀가루, 물, 콩, 소금, 찜통, 솔잎, 면포

1

쌀가루에 소금을 넣고 따뜻한 물로 반죽합니다.

송편은 곡식과 과일을 거두는 시기인 추석에 감사하는 마음을 담아 만들어 먹었던 떡이야.

2

반죽을 동그랗게 빚어 가운데를 움푹하게 만듭니다. 그 다음, 반죽 가운데에 물에 불린 콩을 넣고 반달 모양으로 만듭니다.

3

찜통에 *면포와 솔잎을 깔고 송편을 올려 찝니다.

*면포: 목화솜으로 만든 실로 짠 천

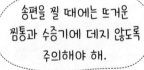

송편을 찔 때에는 뜨거운 찜통과 수증기에 데지 않도록 주의해야 해.

준비물
동전, 한지 3~4장, 고무줄, 가위

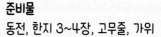

① 한지를 3~4장 겹쳐 놓고 그 위에
동전을 놓습니다.

② 동전을 한지로 감싸고, 동전이 움직
이지 않도록 고무줄로 묶습니다.

한지를 가위로 자를 때에는
가윗날에 손을 다치지
않게 조심해야 해.

③ 한지를 가위로 자르거나 손으로 찢어
술을 만들고 정리합니다.

제기차기는 제기를 발로 차면서 노는
놀이야. 옛날에는 겨울철, 주로 설날
에 어린이들이 제기차기를 즐겼어.

② 세시 풍속을 체험하고 느낀 점 이야기하기

체험한
세시 풍속

단오에 주고받았던 단오 부채를 만들어 보았습니다.
설날에 하는 윷놀이의 방법을 익혀 윷놀이를 해 보았습니다.
추석에 먹는 송편을 만들어 보았습니다.
옛날 겨울철이나 설날에 주로 즐겼던 제기차기를 하려고 제기를 만들어 보았습니다.

느낀 점

윷놀이를 함께 하면서 친구들과 더 친해질 수 있었습니다.
우리의 전통문화가 자랑스러웠습니다.
다른 세시 풍속도 체험해 보고 싶어졌습니다.
우리의 세시 풍속이 소중하다는 것을 깨달았습니다.

개념 정리하기

1. 단오 부채 만들기

의미	우리 조상들은 단오에 더운 여름을 시원하게 보내라는 의미로 '단오선'이라는 부채를 주고받았습니다.
체험하기	❶ 부채 모양의 종이에 다양한 방법으로 그림을 그려 예쁘게 꾸밉니다. ❷ 부채 모양의 종이 두 장 사이에 나무젓가락을 끼우고 풀로 붙여 완성합니다.

2. 윷놀이하기

의미	• 윷놀이는 윷을 던져 말을 움직이며 노는 놀이입니다. • 설날부터 정월 대보름 사이에 마을 사람들이 함께 모여서 풍년을 기원하고 한 해의 운세를 점치며 윷놀이를 하였습니다.
체험하기	❶ 모둠을 두 편으로 나눕니다. 윷판을 놓고 양쪽 다 윷말을 네 개씩 갖습니다. ❷ 순서를 정해 윷을 던지고, 윷이 뒤집힌 모양에 따라 윷말을 옮깁니다. ❸ 윷말 네 개가 출발하였던 칸으로 먼저 돌아오는 모둠이 이깁니다.

3. 송편 만들기

의미	우리 조상들은 곡식과 과일을 거두는 시기인 추석에 감사하는 마음을 담아 송편을 만들어 먹었습니다.
체험하기	❶ 쌀가루에 소금을 넣고 따뜻한 물로 반죽합니다. ❷ 반죽을 동그랗게 빚어 가운데를 움푹하게 만듭니다. 그 다음, 반죽 가운데에 물에 불린 콩을 넣고 반달 모양으로 만듭니다. ❸ 찜통에 면포와 솔잎을 깔고 송편을 올려 찝니다.

4. 제기 만들기

의미	• 제기차기는 제기를 발로 차면서 노는 놀이입니다. • 옛날에는 겨울철, 주로 설날에 어린이들이 제기차기를 즐겼습니다.
체험하기	❶ 한지를 3~4장 겹쳐 놓고 그 위에 동전을 놓습니다. ❷ 동전을 한지로 감싸고, 동전이 움직이지 않도록 고무줄로 묶습니다. ❸ 한지를 가위로 자르거나 손으로 찢어 술을 만들고 정리합니다.

초성 퀴즈   다음 초성을 보고, 핵심 단어를 위에서 찾아 써 봅시다. | 정답과 해설 9쪽

❶ 옛날에는 단오에 더운 여름을 시원하게 보내라는 의미로 '단오선'이라는 [ㅂ] [ㅊ] 를 주고받았습니다.

❷ 설날부터 정월 대보름 사이에 즐겼던 윷놀이에는 [ㅍ] [ㄴ] 이 들기를 바라는 마음이 담겨 있습니다.

문제로 확인하기

1 더운 여름을 시원하게 보내라는 의미로 부채를 주고받았던 명절은 언제입니까? ( )

① 단오   ② 동지   ③ 설날   ④ 추석   ⑤ 정월 대보름

2 다음과 같은 준비물을 이용하여 체험할 수 있는 세시 풍속을 쓰시오.

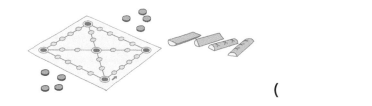

( )

3 다음은 송편을 만드는 과정입니다. 순서대로 기호를 나열하시오.

> ㉠ 찜통에 면포와 솔잎을 깔고 송편을 찐다.
> ㉡ 쌀가루에 소금을 넣고 따뜻한 물로 반죽한다.
> ㉢ 반죽을 동그랗게 빚어 가운데를 움푹하게 만든 다음, 물에 불린 콩을 넣어 송편을 빚는다.

(→ →)

4 다음 어린이가 할 수 있는 활동으로 알맞지 <u>않은</u> 것은 어느 것입니까? ( )

옛날부터 전해 내려오는 우리나라의 세시 풍속을 체험해 보고 싶어.

① 윷놀이하기
② 송편 만들기
③ 제기 만들기
④ 단오 부채 만들기
⑤ 크리스마스 카드 만들기

 오늘의 핵심

❶ 단오 부채에는 (겨울 . 여름)을 건강하게 보내라는 의미가 담겨 있습니다.

❷ 윷을 던져서 도나 개가 나오면 윷을 한 번 더 던질 수 있습니다. (O . X)

❸ 우리 조상들이 곡식과 과일을 거두는 시기인 추석에 감사하는 마음을 담아 만들어 먹었던 떡은 무엇입니까? 답

단원을
마무리하자~

단원평가

9일차~18일차

2. 시대마다 다른 삶의 모습

| 정답과 해설 10쪽

1 다음과 같은 생활을 하였던 사람들이 사용한 도구로 알맞은 것은 어느 것입니까? (   )

① 주먹도끼
② 청동 거울
③ 비파형 동검
④ 철로 만든 낫
⑤ 빗살무늬 토기

2 돌을 갈아서 도구를 만든 시대의 생활 모습으로 알맞지 <u>않은</u> 것은 어느 것입니까? (   )

① 강가나 해안가에 모여 살았다.
② 흙으로 그릇을 만들어 음식을 담았다.
③ 강 근처의 땅을 일구어 농사를 지었다.
④ 동물의 뼈로 만든 낚시 도구로 물고기를 잡았다.
⑤ 무기나 장신구, 제사 도구를 청동으로 만들어 사용하였다.

3 다음 우리 조상들이 남긴 도구들의 재료는 무엇입니까? (   )

① 돌
② 철
③ 흙
④ 나무
⑤ 청동

4 다음과 같은 도구를 사용하면서 달라진 사람들의 생활 모습을 <u>두 가지</u> 쓰시오.

↑ 철로 만든 농사 도구   ↑ 철로 만든 무기

_____

_____

5 다음 ㉠, ㉡에 들어갈 알맞은 말을 각각 쓰시오.

농사 도구를 만드는 재료는 (㉠)에서 (㉡)로 점차 바뀌었습니다.

㉠: (   ), ㉡: (   )

6 다음은 곡식을 수확하는 농사 도구의 발달 과정입니다. ㉠에 들어갈 도구로 알맞은 것은 어느 것입니까? (   )

(㉠) → 철로 만든 낫 → 그네 → 탈곡기 → 콤바인(수확기)

① 쟁기
② 돌괭이
③ 트랙터
④ 주먹도끼
⑤ 반달 돌칼

7 다음 밑줄 친 '이 도구'로 알맞은 것은 어느 것입니까? ( )

> 옛날 사람들은 <u>이 도구</u>에 실을 올려놓고 서로 엮어서 옷감을 만들었습니다.

① 그네   ② 베틀   ③ 방직기
④ 재봉틀   ⑤ 가락바퀴

8 음식을 만드는 도구의 발달 과정을 순서대로 알맞게 나열한 것은 어느 것입니까? ( )

① 시루 → 토기 → 가마솥 → 전기밥솥
② 시루 → 가마솥 → 토기 → 전기밥솥
③ 토기 → 시루 → 가마솥 → 전기밥솥
④ 토기 → 시루 → 전기밥솥 → 가마솥
⑤ 가마솥 → 토기 → 전기밥솥 → 시루

9~10 다음을 보고 물음에 답하시오.

(가)   (나)   (다)

↑ 동굴   ↑ 움집   ↑ 기와집

9 이동 생활을 하면서 먹을거리를 얻었던 시대의 사람들이 살았던 곳을 골라 기호를 쓰시오.

( )

10 (다)에 대한 설명으로 알맞은 것은 어느 것입니까? ( )

① 화장실이 집 안에 있다.
② 지붕을 볏짚으로 덮었다.
③ 하나의 공간에서 모든 생활이 이루어졌다.
④ 집 가운데에 돌로 테두리를 두르고 불을 피웠다.
⑤ 집의 안채에서는 주로 여자들이 생활하였고 사랑채에는 남자들이 머물렀다.

11 다음 어린이들의 대화 주제로 알맞은 것은 어느 것입니까? ( )

> 설날에 가족과 함께 윷놀이를 했어.

윤희

> 동지에 엄마께서 팥죽을 만들어 주셨어.

준영

> 추석에 할아버지 산소에 가서 성묘를 했어.

시훈

> 정월 대보름에 호두와 땅콩을 깨물었어.

소희

① 우리나라의 발달 과정
② 우리나라의 세시 풍속
③ 우리나라의 전통 놀이
④ 우리 고장의 전통 축제
⑤ 우리 고장에 전해 내려오는 이야기

★중요★
12 다음 중 정월 대보름의 세시 풍속을 두 가지 고르시오. (,)

① 쥐불놀이
② 달집태우기
③ 부채 주고받기
④ 단풍이 든 산으로 나들이 가기
⑤ 닭백숙을 먹으며 더위 이겨 내기

13 다음 밑줄 친 '이 명절'로 알맞은 것은 어느 것입니까? ( )

> <u>이 명절</u>은 '한가위'라고도 합니다. 조상들께 차례를 지냈고, 강강술래와 줄다리기 등을 하였으며 송편과 토란국을 먹었습니다.

① 단오   ② 삼복   ③ 설날
④ 추석   ⑤ 한식

14 우리 조상들이 동지에 오른쪽과 같은 음식을 만들어 먹었던 까닭은 무엇입니까? ( )

① 팥을 많이 수확해서
② 나쁜 기운을 쫓기 위해서
③ 더위를 이겨 내기 위해서
④ 마을의 안녕과 풍년을 기원하기 위해서
⑤ 조상들께 감사의 인사를 드리기 위해서

15 다음은 인터넷으로 검색한 내용입니다. 빈칸에 들어갈 알맞은 말은 무엇입니까? ( )

> • 검색어: ( )
> • 검색 결과: 음력 3월 3일로, 진달래꽃으로 전을 만들어 먹고, 활쏘기 솜씨를 겨루는 세시 풍속이 있었습니다.

① 백중   ② 상달   ③ 삼짇날
④ 중양절   ⑤ 정월 대보름

16 옛날에 다음과 같은 세시 풍속이 있었던 계절은 언제인지 쓰시오.

> • 한 해 농사의 풍년을 기원하며 마을 사람들이 축제를 열었습니다.
> • 더운 날씨와 바쁜 농사일을 이겨 낼 수 있도록 영양이 풍부한 음식을 먹었습니다.

( )

서술형
17 옛날부터 전해 내려오는 세시 풍속의 모습이 시간이 흐르면서 바뀐 까닭은 무엇인지 쓰시오.

_____

_____

18 옛날과 오늘날 설날의 세시 풍속에 대한 설명으로 알맞지 **않은** 것은 어느 것입니까? ( )

① 오늘날에는 옛날보다 더 다양하고 많은 세시 풍속이 있다.
② 옛날부터 전해 내려오는 세시 풍속은 시간이 흐르면서 많이 바뀌었다.
③ 설날에 세배를 하고 떡국을 먹는 풍속은 오늘날까지 이어져 내려오고 있다.
④ 옛날과 오늘날 모두 나쁜 기운을 몰아내고 복을 얻기 위한 다양한 세시 풍속이 있다.
⑤ 오늘날에는 재미있는 놀이로 윷놀이를 하지만, 옛날에는 윷놀이를 하며 한 해의 운세를 점치기도 했다.

19 다음 밑줄 친 ㉠에 들어갈 내용으로 알맞은 것은 어느 것입니까? ( )

> 옛날에는 무더운 여름의 시작을 알리는 단오에 _____㉠_____ 의미에서 '단오선'이라는 부채를 주고받았습니다.

① 나쁜 기운을 몰아내는
② 한 해의 운세를 점치는
③ 조상들께 감사를 드리는
④ 여름을 건강하게 보내라는
⑤ 농사가 잘될 수 있도록 기원하는

20 윷놀이에 대한 설명으로 알맞지 **않은** 것은 어느 것입니까? ( )

① 윷, 윷판, 윷말이 필요하다.
② 윷이나 모가 나오면 윷을 한 번 더 던질 수 있다.
③ 설날부터 정월 대보름 사이에 여럿이 즐기던 놀이이다.
④ 네 개의 윷말이 출발지로 상대편보다 늦게 돌아오면 이긴다.
⑤ 옛날에는 마을 사람들이 모여 윷놀이를 하면서 풍년을 기원하였다.

1 (   )은 귀하고 다루기 어려워서 무기나 장신구, 제사를 지내는 도구를 만드는 데 주로 쓰였습니다.

1

2 농사 도구의 발달로 사람들은 점차 (적은 , 많은) 힘으로 농사를 짓게 되었습니다.

2

3 오늘날에는 전기를 이용하여 음식을 익히는 (   )을 사용해서 쉽고 빠르게 밥을 합니다.

3

4 (움집 , 초가집)에 살던 사람들은 하나의 공간에서 도구를 손질하고 음식을 만들어 먹었습니다.

4

5 명절과 같이 일정한 시기에 되풀이하여 행해 온 고유의 생활 모습을 무엇이라고 합니까?

5

6 옛날 사람들은 (㉠   )에 달집태우기와 쥐불놀이를 하면서 나쁜 기운을 쫓아냈고, (㉡   )에는 불을 사용하지 않고 만든 찬 음식을 먹었습니다.

6 ㉠

㉡

7 오늘날에는 (㉠   )와 관련된 세시 풍속은 많이 사라졌고, 대부분 설날이나 추석과 같은 큰 (㉡   )을 중심으로 한 세시 풍속만 이어져 내려오고 있습니다.

7 ㉠

㉡

8 우리 조상들은 단오에 더운 여름을 시원하게 보내라는 의미로 '단오선' 이라는 (달력 , 부채)을/를 주고받았습니다.

8

19 일차 옛날과 오늘날의 결혼 모습

옛날과 오늘날의 결혼 풍습은 다르지만 주위 사람들이 결혼을 축복해 주는 마음과 결혼으로 새로운 가족이 만들어진다는 점은 같습니다.

1. 옛날의 결혼 풍습

❶ 신부의 집으로 이동하기 → ❷ 혼례 치르기 → ❸ 신랑의 집으로 이동하기 → ❹ 폐백 드리기

2. 오늘날의 결혼 풍습

- 결혼식장, 정원이나 공원 등 다양한 장소에서 결혼식을 합니다.
- 결혼식장의 폐백실에서 신랑과 신부 양쪽 부모님께 폐백을 드리기도 합니다.
- 결혼식을 마치고 신혼여행을 떠납니다.

3. 옛날과 오늘날의 결혼 풍습 비교하기

- 옛날에는 한복을 입었고, 오늘날에는 턱시도와 웨딩드레스를 입습니다.
- 옛날에는 신랑이 신부에게 나무 기러기를 주었고, 오늘날에는 신랑과 신부가 결혼반지를 주고받습니다.

❶ 옛날의 결혼 풍습

1 신부의 집으로 이동하기

옛날에는 신부의 집에서 *혼례를 치렀습니다. 혼례를 치르는 날에 신랑은 나무 기러기를 품에 안은 사람을 따라 말을 타고 신부의 집으로 갑니다.

*혼례: 결혼식과 같은 말로, 부부 관계를 맺는 서약을 하는 의식

사람들은 주로 결혼을 통해 가족을 구성해.

 옛날에는 신랑 집안과 신부 집안의 어른들이 신랑과 신부의 *혼인을 약속하였어.

*혼인: 결혼과 같은 말로, 남자와 여자가 정식으로 부부가 되는 일

2 혼례 치르기

옛날에 혼례를 치를 때에는 한복(전통 혼례복)을 입었어.

신부의 집에 도착한 신랑이 나무 기러기를 신부 측에 건네주면 혼례가 시작됩니다. 신랑과 신부는 마주 보고 큰절을 올리고, 잔에 술을 부어 함께 나누어 마시며 부부가 되었음을 사람들에게 알립니다.

기러기는 평생 자기 짝을 지키는 새로 알려져 있어. 신랑은 평생 행복하게 살자는 의미로 신부에게 나무 기러기를 주었어.

3 신랑의 집으로 이동하기

혼례를 마친 신랑과 신부는 신부의 집에서 며칠 동안 머물렀습니다. 이후 신랑은 말을 타고, 신부는 가마를 타고 신랑의 집으로 갑니다.

4 폐백 드리기

신랑의 집에 도착한 신부는 신랑의 집안 어른들께 새 식구가 되었음을 알리는 뜻으로 *폐백을 드립니다. 어른들은 자식을 많이 낳고 부자가 되라는 뜻으로 신부의 치마에 대추와 밤을 던져 줍니다. 신랑의 가족들은 신부를 가족으로 맞이하며 축하해 주었습니다.

*폐백: 신부가 신랑의 집안 어른들께 올리는 첫인사. 오늘날에는 폐백을 드리지 않기도 하고, 양쪽 집안 어른들께 폐백을 드리기도 함.

혼례를 치른 뒤 신랑과 신부는 신랑의 가족과 함께 살았어.

② 오늘날의 결혼 풍습

평생 함께할 것을 약속한다는 뜻으로 결혼반지를 주고받아.

옛날에는 주로 집안의 어른들이 정한 사람과 혼인을 했지만, 오늘날에는 개인이 자유롭게 배우자를 선택하여 결혼해.

결혼식장에서 결혼식을 합니다. 결혼식에서는 주로 턱시도와 웨딩드레스를 입습니다.

정원이나 공원과 같은 야외에서 결혼식을 합니다.

물속에서 결혼식을 하기도 합니다.

온라인 실시간 방송을 활용하여 결혼식을 치르기도 합니다.

전통 혼례 방식으로 결혼식을 올리기도 합니다.

결혼식장의 폐백실에서 신랑과 신부 양쪽 부모님께 폐백을 드리기도 합니다.

오늘날에는 결혼식을 치르는 장소와 방법, 결혼식에서 입는 옷도 매우 다양해졌어.

결혼식을 마친 후에 신혼여행을 떠나기도 해.

③ 옛날과 오늘날의 결혼 풍습 비교하기

시간이 지나면서 결혼식의 모습은 달라졌지만, 결혼식이 두 사람이 부부가 되어 새로운 가정을 이루는 중요한 의식이라는 점은 그대로야.

	옛날의 결혼 풍습	오늘날의 결혼 풍습
결혼식을 하는 장소	신부의 집에서 결혼식을 합니다.	결혼식장이나 정원, 공원 등 다양한 장소에서 결혼식을 합니다.
결혼식 때 입는 옷	한복(전통 혼례복)을 입습니다.	신랑은 턱시도, 신부는 웨딩드레스를 입습니다.
결혼식 때 주고받는 물건	신랑이 신부에게 오랫동안 행복하게 살자는 의미로 나무 기러기를 줍니다.	신랑과 신부는 평생을 함께하겠다는 약속의 의미로 결혼반지를 주고받습니다.
결혼식 후에 하는 일	신부의 집에서 며칠 동안 머무른 후에 함께 신랑의 집으로 갑니다.	신혼여행을 갑니다.
폐백을 드리는 장소	신랑의 집에서 신랑의 집안 어른들께 폐백을 드립니다.	결혼식장의 폐백실에서 신랑, 신부의 양쪽 부모님께 폐백을 드립니다.
결혼을 결정하는 사람	집안끼리 혼인을 약속하는 경우가 많습니다.	개인 간의 약속으로 혼인하는 경우가 많습니다.

옛날과 오늘날의 결혼 풍습은 달라도 가족과 친척이 모여 신랑과 신부의 행복한 미래를 축복해 주는 마음은 같아.

결혼식을 통해 많은 사람에게 두 사람의 결혼을 알린다는 점도 같지.

개념 정리하기

1. 옛날의 결혼 풍습

❶ 신부의 집으로 이동하기	혼례를 치르는 날에 신랑은 말을 타고 신부의 집으로 갑니다.

↓

❷ 혼례 치르기	신랑이 나무 기러기를 신부 측에 주면 혼례가 시작됩니다. 신랑과 신부는 부부가 되었음을 사람들에게 알립니다.

↓

❸ 신랑의 집으로 이동하기	혼례를 마친 신랑과 신부는 신부의 집에서 며칠을 보낸 후 신랑은 말, 신부는 가마를 타고 신랑의 집으로 갑니다.

↓

❹ 폐백 드리기	신랑의 집에 도착한 신부는 신랑의 집안 어른들께 새 식구가 되었음을 알리는 뜻으로 폐백을 드립니다.

2. 오늘날의 결혼 풍습

① 결혼식장, 정원 등 다양한 장소에서 다양한 방법으로 결혼식을 합니다.
② 결혼식장의 폐백실에서 신랑, 신부의 부모님께 폐백을 드리기도 합니다.

3. 옛날과 오늘날의 결혼 풍습 비교

구분		옛날의 결혼식	오늘날의 결혼식
차이점	결혼식 장소	신부의 집	결혼식장, 정원, 공원 등
	입는 옷	한복(전통 혼례복)	턱시도, 웨딩드레스
	주고받는 물건	나무 기러기	결혼반지
	결혼식 후에 하는 일	신부의 집에서 며칠을 지낸 후 함께 신랑의 집에 갑니다.	신혼여행을 갑니다.
공통점		• 신랑과 신부가 부부가 되어 새 가족이 되었음을 알립니다. • 사람들이 신랑과 신부의 행복한 미래를 축복해 줍니다.	

초성 퀴즈 다음 초성을 보고, 핵심 단어를 위에서 찾아 써 봅시다.

정답과 해설 11쪽

1 옛날에 혼례를 치를 때 신랑은 신부에게 평생 행복하게 함께 살자는 의미로 ㄴ ㅁ ㄱ ㄹ ㄱ 를 주었습니다.

2 옛날에는 혼례가 끝난 후 신부가 신랑의 집에 도착하면 신랑의 집안 어른들께 ㅍ ㅂ 을 드렸습니다.

문제로 확인하기

| 정답과 해설 11쪽

1 다음은 옛날의 결혼식 과정입니다. 순서대로 기호를 나열하시오.

> ㉠ 폐백 드리기   ㉡ 혼례 치르기
>
> ㉢ 신랑의 집으로 이동하기   ㉣ 신랑이 신부의 집으로 이동하기

(→   →   →   )

2 옛날의 결혼 풍습에 대한 설명으로 알맞지 <u>않은</u> 것은 어느 것입니까? (   )

① 한복을 입고 혼례를 치렀다.

② 결혼식장에서 결혼식을 하였다.

③ 신랑이 신부 측에 나무 기러기를 건네주었다.

④ 결혼식을 마치고 신부의 집에서 며칠 동안 머물렀다.

⑤ 혼례를 치를 때 신랑과 신부가 마주 보고 큰절을 올리고 잔에 술을 부어 함께 나누어 마셨다.

3 오늘날의 결혼 풍습과 거리가 <u>먼</u> 것은 어느 것입니까? (   )

① 턱시도   ② 결혼반지   ③ 결혼식장

④ 말과 가마   ⑤ 웨딩드레스

4 옛날과 오늘날의 결혼식 모습을 <u>잘못</u> 비교한 어린이는 누구인지 쓰시오.

옛날에는 나무 기러기를, 오늘날에는 결혼반지를 주고받아.
민지

옛날에는 신부의 집에서, 오늘날에는 결혼식장에서 결혼식을 해.
현수

옛날에는 신부의 집에서, 오늘날에는 신랑의 집에서 폐백을 드려.
현아

사람들이 신랑과 신부를 축복해 주는 모습은 변하지 않았어.
세훈

(   )

오늘의 핵심

❶ 시대가 바뀌어도 결혼 풍습은 바뀌지 않습니다. (O . X)

❷ 옛날에는 (신랑 . 신부)의 집에서 혼례를 치렀습니다.

❸ 결혼식을 마친 후에 신혼여행을 떠나는 것은 (옛날 . 오늘날)의 결혼 풍습입니다.

옛날과 오늘날의 가족 형태

옛날에는 확대 가족이 많았지만, 오늘날에는 사회가 변화하고 생활 모습이 달라지면서 핵가족이 많아졌습니다.

1. 가족의 형태

확대 가족	옛날에는 결혼한 자녀가 부모와 함께 사는 확대 가족이 많았습니다. 예 할아버지, 할머니, 어머니, 아버지, 나로 구성된 가족은 확대 가족입니다.
핵가족	오늘날에는 결혼하지 않은 자녀가 부모와 함께 사는 핵가족이 많아졌습니다. 예 아버지, 어머니, 형, 나, 여동생으로 구성된 가족은 핵가족입니다.

2. 옛날에 확대 가족이 많았던 까닭: 옛날에 농사를 짓기 위해서는 여러 사람의 힘이 필요하였기 때문에 확대 가족이 많았습니다.

3. 오늘날 핵가족이 늘어난 까닭: 오늘날에는 직업을 찾거나 원하는 교육을 받으려고 다른 지역으로 옮기는 사람이 많기 때문에 핵가족이 많습니다.

1 가족의 형태

아빠와 엄마가 결혼한 후에도 부모님(할아버지, 할머니)과 함께 살고 있어.

자녀가 결혼한 후에도 부모와 함께 사는 가족 형태를 확대 가족이라고 해.

핵가족

부부와 결혼하지 않은 자녀로만 이루어진 가족을 핵가족이라고 해.

아빠

엄마

나

오늘날에는 결혼한 부부가 부모와 떨어져 *가정을 이루고 사는 핵가족이 많아졌어.

*가정: 한 가족이 함께 살아가며 생활하는 집

다음 가족 구성원이 해당하는 가족의 형태를 말해 볼까?

확대 가족과 핵가족 구분하기

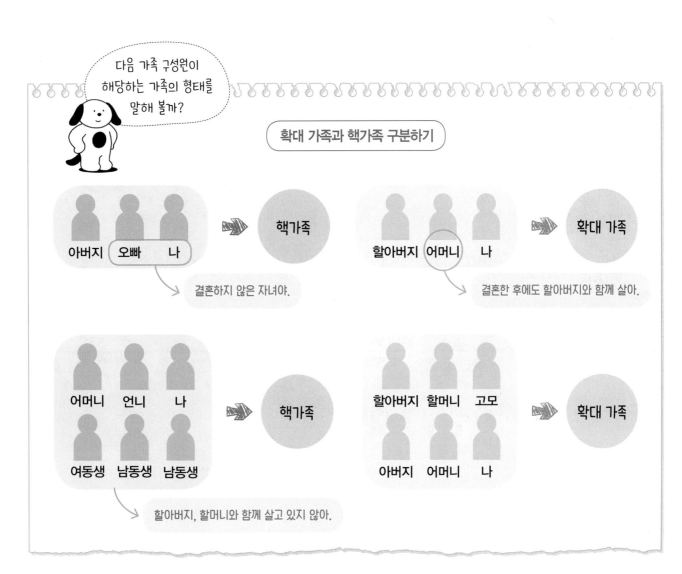

아버지　오빠　나 ➡ 핵가족

결혼하지 않은 자녀야.

할아버지　어머니　나 ➡ 확대 가족

결혼한 후에도 할아버지와 함께 살아.

어머니　언니　나
여동생　남동생　남동생 ➡ 핵가족

할아버지, 할머니와 함께 살고 있지 않아.

할아버지　할머니　고모
아버지　어머니　나 ➡ 확대 가족

❷ 옛날에 확대 가족이 많았던 까닭

옛날 사람들은 주로 농사를 지으며 살았어.

농사에는 *일손이 많이 필요하기 때문에 가족이 많을수록 농사짓기가 쉬웠지.

*일손: 일하는 손 혹은 일을 하는 사람

옛날에는 농사를 짓는 일처럼 가족이 힘을 합쳐야 하는 일이 많아서 가족이 함께 모여 사는 경우가 많았구나!

아버님, 점심 드시고 하세요.

할아버지, 어머니가 점심 식사를 가져오셨어요.

형님, 제가 옆에서 도와드릴게요.

아버지, 올해는 농사가 잘돼서 일이 더 많네요.

그래도 일손이 많아서 일이 빨리 끝나겠구나.

③ 오늘날 핵가족이 늘어난 까닭

옛날에 비해 오늘날에는 가족 구성원의 수가 줄었고 핵가족이 많아졌어.

일자리가 다양해지고, 교육이나 편리한 생활을 위해 다른 지역으로 이동하는 사람들이 많아지면서 핵가족이 늘어나고 있어.

*취업하면서 직장 근처로 이사했어요.

새로운 일자리를 찾아 도시로 이동하거나 직장이 다른 지역에 있어서 부모님과 떨어져 살기도 합니다.

*취업: 일정한 직업을 잡아 직장에 나감.

초등학교가 가까이 있는 곳으로 이사 왔어요.

자녀 교육을 위해 학교가 가까이 있는 곳을 찾아 이사하면서 부모님과 떨어져 살기도 합니다.

부부가 생활하기 편한 곳이에요.

어르신들은 오랫동안 살아왔던 고향에서 계속 지내시기를 원하여 자녀와 따로 살기도 합니다.

장사가 잘되는 곳을 찾아왔어요.

장사를 하기 위해 사람들이 많이 있는 곳으로 이사를 하면서 부모님과 떨어져 살기도 합니다.

쾌적한 환경, 살기 좋은 곳을 찾아 이사를 하거나 개인 생활을 위해 독립하면서 부모님과 따로 살기도 해.

개념 정리하기

1. 가족의 형태

확대 가족	핵가족
옛날에는 결혼한 자녀가 부모와 함께 사는 확대 가족이 많았습니다.	오늘날에는 결혼하지 않은 자녀가 부모와 함께 사는 핵가족이 많아졌습니다.

2. 옛날에 확대 가족이 많았던 까닭: 옛날에는 사람들이 주로 농사를 지어 일손이 많이 필요하였기 때문에 확대 가족이 많았습니다.

3. 오늘날 핵가족이 늘어난 까닭: 오늘날에는 자녀가 결혼한 후에 직장이나 자녀의 교육 등 여러 가지 이유로 부모 곁을 떠나 따로 살면서 핵가족이 많아졌습니다.

취업	교육	경제 활동
취업을 하여 직장 근처로 이사하면서 부모님과 떨어져 살기도 합니다.	학교가 가까이 있는 곳으로 이사하면서 부모님과 떨어져 살기도 합니다.	장사가 잘되는 곳을 찾아 이사하면서 부모님과 떨어져 살기도 합니다.

초성 퀴즈 다음 초성을 보고, 핵심 단어를 위에서 찾아 써 봅시다.

| 정답과 해설 12쪽

1 결혼한 자녀가 부모와 함께 사는 가족을 ㅎ ㄷ 가족이라고 합니다.

2 오늘날에는 직장이나 자녀 교육 등의 이유로 다른 지역으로 이사하는 일이 많아지면서 ㅎ ㄱ ㅈ 이 늘어났습니다.

1 다음 ㉠, ㉡에 들어갈 알맞은 가족 형태를 각각 쓰시오.

> 결혼한 자녀와 부모가 함께 사는 가족을 (　　㉠　　)이라고 하고, 결혼하지 않은 자녀와 부모가 함께 사는 가족을 (　　㉡　　)이라고 합니다.

㉠: (　　　　　　　　　), ㉡: (　　　　　　　　　)

2 핵가족에 해당하는 가족 구성원으로 알맞게 짝지어진 것은 어느 것입니까?(　　　　)

① 할아버지, 어머니, 나
② 할머니, 아버지, 어머니, 나, 여동생
③ 할아버지, 아버지, 어머니, 삼촌, 나
④ 할아버지, 할머니, 어머니, 아버지, 나
⑤ 아버지, 어머니, 오빠, 언니, 나, 남동생

3 다음 ☐ 안에 들어갈 알맞은 말을 쓰시오.

> 옛날에는 사람들이 주로 ☐☐☐ 를 지어 일손이 많이 필요하였기 때문에 확대 가족이 대부분이었지만, 오늘날에는 핵가족이 더 많습니다.

(　　　　　　　　　)

4 오늘날에 핵가족이 늘어난 까닭으로 알맞지 <u>않은</u> 것은 어느 것입니까?　(　　　　)

① 취업을 위해 다른 지역으로 이사를 가서
② 자녀 교육을 위해 다른 지역으로 이사를 가서
③ 장사를 하려고 사람들이 많이 있는 곳으로 이사를 가서
④ 경제적으로 어려워 결혼한 후에도 부모님과 함께 사는 경우가 늘어서
⑤ 할아버지, 할머니께서는 평생 농사지으며 살았던 고향을 떠나고 싶지 않아 하셔서

오늘의 핵심

❶ 옛날에는 농사를 짓기 위해서 여러 사람의 힘이 필요하였으므로 〔 핵가족 , 확대 가족 〕 이 많았습니다.

❷ 핵가족은 결혼하지 않은 자녀가 부모와 함께 사는 가족을 말합니다. 〔 O , X 〕

옛날과 오늘날 가족 구성원의 역할

사회가 변화함에 따라 가족 구성원의 역할도 많이 달라졌습니다.

1. **옛날 가족 구성원의 역할**
   - 옛날에는 성별에 따라 가족 구성원의 역할이 구분되어 있었습니다.
   - 바깥일은 주로 남자가 하였고, 집안일은 주로 여자가 맡아서 하였습니다.
   - 가족의 중요한 일은 집안의 어른이 결정하였습니다.

2. **오늘날 가족 구성원의 역할**
   - 오늘날에는 가족 구성원의 성별에 따른 역할 구분이 많이 사라졌습니다.
   - 가족 구성원이 역할을 나누어 집안일에 참여합니다.
   - 가족의 중요한 일은 가족 구성원이 함께 의논하여 결정합니다.

3. **가족 구성원의 역할이 변화한 까닭**: 여성의 사회 진출이 늘어나고 남녀가 평등하다는 의식이 높아지는 등 사회가 변화하였기 때문입니다.

❶ 가족 구성원의 역할과 생활 모습

옛날 가족 구성원의 모습

아버지와 함께 농사일을 해요.

옛날에 남자는 주로 *바깥일을 하고, 여자는 주로 집안일을 했어.

오늘날 가족 구성원의 모습

가족 구성원이 집안일을 나누어서 해요.

오늘날에는 집안일을 할 때 가족 구성원이 모두 참여해.

*바깥일: 집 밖에서 하는 경제적·사회적 활동

2 옛날 가족 구성원의 역할

옛날에는 성별에 따라 가족 구성원의 *역할이 비교적 뚜렷하게 구분되어 있었어.

*역할: 자기가 마땅히 하여야 할 맡은 바 직책이나 임무

오늘은 할아버지와 글공부를 하자.

할아버지는 손자에게 글공부를 가르쳐 주십니다.

오늘은 보채지 않고 잘 자는구나.

할머니는 손자와 손녀를 돌봐 주시고 집안일을 하십니다.

올해도 농사가 잘 되어야 할 텐데.

아버지는 농사일이나 바깥일을 하십니다. 남자아이는 농사일을 돕습니다.

밥이 아주 맛있게 잘 되었구나.

어머니는 집안일을 하시고, 여자아이는 집안일을 돕거나 바느질을 합니다.

옛날에는 *가장인 아버지의 뜻에 따라 집안의 중요한 일들을 결정하였어.

*가장: 한 집안을 이끌어 나가는 사람

옛날에는 주로 남자들이 농사를 짓거나 장사를 하는 등 바깥일을 하였어.

여자들은 집안일과 아이 키우는 일을 도맡아 하였어.

③ 오늘날 가족 구성원의 역할

오늘날에는 집안일과 바깥일에서 성별에 따른 가족 구성원의 역할 구분이 없어지고 있어.

부모가 함께 자녀를 돌봅니다.

남녀가 함께 바깥일을 하고, 집안일을 나누어서 해.

부모가 모두 직장을 다니며 일을 하는 경우가 많아졌습니다.

가족 구성원이 함께 집안일을 합니다.

오늘날 가족 구성원의 역할은 각 가족의 상황과 환경에 따라 다를 수 있어.

가족의 중요한 일은 가족 구성원이 함께 의논하여 결정합니다.

4 가족 구성원의 역할이 변화한 까닭

누구든지 원하면 교육을 받을 수 있어요.

옛날에는 주로 남자아이에게만 글공부를 시켰지만, 오늘날에는 여자와 남자 누구에게나 교육을 받을 기회를 동등하게 줍니다.

원하는 사람은 누구나 사회 활동에 참여할 수 있어요.

옛날에 비해 오늘날에는 여성의 사회 진출이 늘어났고, 남녀 모두에게 사회 활동의 기회가 동등하게 주어집니다.

오늘날에는 남자와 여자가 평등하다는 생각으로 가정과 사회에서 성별의 구분 없이 다양한 역할을 나누어 합니다.

남자와 여자가 할 수 있는 직업에 구분이 없어요.

남자와 여자가 *평등하다는 의식이 높아졌어.

*평등: 차별 없이 고르게 사람을 대하는 것

개념 정리하기

1. 옛날 가족 구성원의 역할

① 옛날에는 가족 구성원의 역할이 성별에 따라 구분되어 있었습니다.
② 바깥일은 주로 남자가 하였고, 집안일은 주로 여자가 맡아서 하였습니다.
③ 가족의 중요한 일은 집안의 어른이 결정하였습니다.

남자는 주로 농사일이나 바깥일을 합니다.

여자는 주로 집안일이나 바느질을 합니다.

2. 오늘날 가족 구성원의 역할

① 오늘날에는 가족 구성원의 성별에 따른 역할 구분이 많이 사라졌습니다.
② 남녀가 함께 바깥일을 하고, 집안일을 할 때 가족 구성원이 모두 참여합니다.
③ 가족의 중요한 일은 모든 구성원이 함께 의견을 나누고 결정합니다.

역할을 나누어 집안일을 함께 합니다.

집안의 일을 함께 의논하여 결정합니다.

3. 가족 구성원의 역할이 변화한 까닭

① 교육을 받을 기회가 늘어나면서 여성의 사회 진출이 활발해졌기 때문입니다.
② 남녀가 평등하다는 의식이 높아졌기 때문입니다.
↳ 사회가 변화하면서 가족 구성원의 역할도 많이 달라졌습니다.

초성 퀴즈   다음 초성을 보고, 핵심 단어를 위에서 찾아 써 봅시다. | 정답과 해설 12쪽

1 옛날에는 가족 구성원의 역할이 | ㅅ | ㅂ | 에 따라 구분되어 있었습니다.

2 오늘날에는 남녀가 | ㅍ | ㄷ | 하다는 의식이 높아지면서 가족 구성원의 역할도 변화하였습니다.

문제로 확인하기

1 다음 ㉠, ㉡에 들어갈 알맞은 성별을 각각 쓰시오.

> 옛날에 집안일은 주로 (㉠   )가 하였고, 바깥일은 주로 (㉡   )가 하였습니다.

㉠: (   ), ㉡: (   )

2 다음 그림에서 알 수 있는 옛날 가족 구성원 중 할머니의 역할로 알맞은 것은 어느 것입니까?   (   )

① 글공부를 하신다.
② 농사일을 하신다.
③ 바깥일을 하신다.
④ 손자와 손녀를 돌봐 주신다.
⑤ 손자에게 글공부를 가르쳐 주신다.

3 다음 보기 에서 오늘날 가족 구성원의 모습으로 알맞은 것을 골라 기호를 쓰시오.

> 보기
> ㉠ 부모가 함께 자녀를 돌본다.
> ㉡ 부모가 모두 일하는 경우가 줄어들었다.
> ㉢ 가정에서 남자와 여자의 역할이 뚜렷하게 구분되어 있다.
> ㉣ 무조건 가장인 아버지의 뜻에 따라 가족의 중요한 일을 결정한다.

(   )

4 오늘날 가족 구성원의 역할이 변화하게 된 까닭을 <u>잘못</u> 이야기한 어린이는 누구인지 쓰시오.

여성의 사회 진출이 활발해졌기 때문이야.
정훈

남녀가 평등하다는 의식이 높아졌기 때문이야.
효진

여성이 교육을 받을 기회가 줄어들었기 때문이야.
동현

(   )

오늘의 핵심

❶ 옛날에는 가정에서 남자와 여자의 역할이 구분되었습니다. (O . X)

❷ 오늘날에는 가족의 중요한 일을 대부분 (가장 . 가족 구성원들)이 결정합니다.

바람직한 가족 구성원의 역할

22 일차

가족 모두가 행복하기 위해서는 가족 구성원들이 자신의 바람직한 역할을 잘 알고 실천하는 것이 중요합니다.

1. **가족 구성원 간 갈등의 발생과 해결 방법**
   - 갈등의 발생: 가족 구성원들이 함께 생활하다 보면 서로 생각이 다르거나 각자의 역할을 하지 않아 갈등이 생기기도 합니다.
   - 갈등의 해결 방법: 건강하고 행복한 가족이 되려면 가족 구성원들이 서로 존중하고 배려하는 마음을 가지고, 문제가 생겼을 때는 협력하여 해결해야 합니다.

2. **가족 간의 갈등 상황을 해결해 보는 역할극 하기**
   - 가족 구성원의 갈등을 해결하는 모습을 역할극으로 해 볼 수 있습니다.
   - 역할극을 하면서 가족 구성원의 서로 다른 입장을 생각해 볼 수 있습니다.

3. **가족 구성원으로서 바람직한 역할 실천하기**: 가족 구성원으로서 내가 할 수 있는 일을 정해서 계획을 세우고 실천할 수 있습니다.

① 가족 구성원 간 갈등의 발생

＊**갈등**: 서로 생각이나 의견이 맞지 않아 부딪치고 있는 상태

2 가족 구성원 간의 갈등과 이를 해결하는 과정

갈등 상황　--------------------→　해결 노력

너도 어서 집안일 좀 해. 왜 게임만 하고 있니?

나 지금 바쁘단 말이야. 집안일은 이따가 할게.

집안일을 누나만 하고 동생은 하지 않아 갈등이 생겼습니다.

집안일을 요일별로 나누어 하자.

그게 공평하겠다.

집안일을 요일별로 나누어 함께 하자고 제안할 수 있습니다.

갈등 상황　--------------------→　해결 노력

나는 집 안에서 동물을 기르기는 싫어요. 털도 많이 날릴 거고, 산책도 꾸준히 시켜야 할 텐데…….

저는 강아지를 기르고 싶어요. 제가 잘 돌볼게요.

강아지를 기르면 아이의 책임감도 높아지고, 우리가 퇴근하기 전까지 혼자 있는 시간에도 덜 외로울 거예요.

강아지를 기르는 것에 대해 가족들 간의 생각이 달라서 갈등이 생겼습니다.

가족회의로 의견을 모읍시다.

동물 보호소에서 봉사 활동을 먼저 해 보면 어떨까요?

좋은 생각이네요. 생명을 책임지는 일이니 신중하게 결정합시다.

가족회의를 열어 가족 구성원 모두의 생각을 들어 보자고 제안할 수 있습니다.

가족끼리 대화할 때에는 서로의 생각을 이해하고 존중하는 자세를 갖추는 것이 중요해.

3 가족 간의 갈등 상황을 해결해 보는 역할극 하기

1 주제 정하기

역할극을 통해 갈등 상황을 직접 겪어 보고 해결 방법을 생각해 볼 수 있어.

가족끼리 있었던 갈등 상황 중에서 한 가지를 역할극 주제로 정합니다.

갈등 상황	오늘은 현민이의 가족이 공원에 운동하러 가기로 한 날입니다. 회사 일이 끝나고 집으로 돌아오신 어머니는 피곤해하십니다. 아버지는 약속을 잊으셨는지 아직 집에 오시지 않았고, 형은 읽던 책을 계속 읽고 싶다고 합니다. 현민이는 가족과 함께 공원에 갈 생각에 신났었는데, 몹시 속상합니다.
갈등이 생긴 이유	가족끼리 했던 약속을 가족들이 지키지 않았기 때문입니다.

2 역할 정하기

등장인물과 각자 맡을 역할을 정합니다.

등장인물	현민	아버지	어머니	형
역할을 맡은 사람	박○○	김○○	이○○	오○○

3 대본 쓰고 역할극 하기

가족 간의 갈등 상황과 이를 해결하는 내용을 담아 대본을 쓰고, 역할극을 해 봅니다.

어머니: (가족들을 둘러보며) 어제 공원에 가지 않은 일로 우리 모두 기분이 많이 상한 것 같구나. 같이 이야기해 보는 것은 어떨까?

현민: (입을 삐죽 내밀고 시무룩한 얼굴로) 같이 공원에 가기로 한 것은 가족의 약속인데, 가족들이 약속을 지키지 않는 것 같아 속상했어요.

아버지: (놀라며) 정말 미안하다. 사실 그날 회사에 일이 많아 늦게 왔던 것이란다. 우리 가족과의 약속을 잊지는 않았어.

형: (고개를 숙이며) 사실 저도 조금 마음이 속상했어요. 저도 현민이처럼 공원에 가는 것을 기다렸는데, 모두 가지 않는 것 같아서 책을 읽었던 것이었거든요.

어머니: 그런 줄도 모르고 피곤해하는 모습만 보였으니 많이 속상했겠구나.

현민: 아니에요. 이야기해 보니 다들 약속을 잊은 것은 아니었네요. 제가 속상한 티를 많이 내서 죄송해요.

아버지: (웃으며) 아니란다. 현민이가 표현하지 않았으면 대화하지 않고 그냥 넘어갔을 거야.

형: 맞아요. 그럼 중요한 약속이 있는 날에는 종이에 약속을 써서 문에 붙여 두는 것은 어떨까요? 혹시 일이 생긴다면 미리 알려 주고요!

현민: 와, 그럼 제가 약속 담당을 맡을게요.

어머니, 아버지: 정말 좋은 생각이다.

역할극을 하면서 가족 구성원의 서로 다른 입장을 생각해 볼 수 있어.

4 가족 구성원으로서 바람직한 역할 실천하기

내가 실천할 수 있는 역할 생각해 보기

가족을 위해서 자신이 평소에 할 수 있는 일을 찾아보고 꾸준히 실천해 보자.

가족 구성원으로서 내가 할 수 있는 일

- 부모님을 도와 집안일을 합니다.

- 내 방을 깨끗하게 청소합니다.

- 동생에게 양보하고 다정하게 말합니다.

- 저녁마다 강아지를 산책시키고 밥을 챙겨 줍니다.

- 읽은 책은 제자리에 정리합니다.

- 일주일에 한 번 화분에 물을 줍니다.

- 가족끼리 한 약속은 꼭 지키려고 노력합니다.

- 어려운 일이 생기면 가족과 함께 이야기하여 해결합니다.

역할 실천 계획표 만들기

바람직한 역할 실천 계획표

이름	○○○
나의 역할	우리 집 행복 지킴이
해야 할 일	1. 강아지 산책시켜 주기 2. 자기 전에 가족들의 어깨 주물러 주기 3. 하루에 한 번 가족들에게 사랑한다고 말하기

실천 평가

요일	월	화	수	목	금	토	일
실천	3개	3개	1개	1개	3개	3개	2개

느낀 점

월	사랑한다고 말하는 것이 조금 부끄러웠다.
화	가족들이 고마워해서 뿌듯하였다.
수	아빠의 어깨가 많이 딱딱해져서 열심히 주물러 드렸다.
목	잠이 들어서 해야 할 일을 하지 못해 속상하였다.
금	강아지가 가족 중에서 나를 제일 좋아하는 것 같다.
토	사랑한다고 말해도 부끄럽지 않은 것 같다.
일	언니가 내 어깨도 주물러 주어서 기분이 좋았다.

가족 구성원으로서 자신이 해야 할 역할을 씁니다.

역할 실천을 점검하는 날짜나 요일을 씁니다.

자신이 계획한 역할을 실천합니다.

자신의 역할을 잘 실천하였는지 평가하고, 느낀 점을 씁니다.

가족이 행복하게 살아가려면 가족 구성원 모두가 자신의 바람직한 역할을 잘 알고 실천해야 해.

개념 정리하기

1. 가족 구성원 간 갈등의 발생과 해결 방법

① 갈등의 발생: 가족 구성원들이 함께 생활하다 보면 서로 생각이 다르거나 각자의 역할을 하지 않아 갈등이 생기기도 합니다.

② 갈등의 해결 방법
- 가족 간의 갈등이 왜 생겼는지를 생각해 보고, 대화로 해결하려고 노력해야 합니다.
- 가족 구성원들이 서로 존중하고 배려하는 마음을 가지고, 문제가 생겼을 때는 협력하여 해결해야 합니다.

2. 가족 간의 갈등 상황을 해결해 보는 역할극 하기

주제 정하기	가족끼리 있었던 갈등 상황 중에서 한 가지를 역할극 주제로 정합니다.

↓

역할 정하기	등장인물과 각자 맡을 역할을 정합니다.

↓

대본 쓰고 역할극 하기	가족 간의 갈등 상황과 이를 해결하는 내용을 담아 대본을 쓰고, 역할극을 해 봅니다.

↳ 역할극을 하면서 가족 구성원의 서로 다른 입장을 생각해 볼 수 있습니다.

3. 가족 구성원으로서 바람직한 역할 실천하기: 가족이 행복하게 살아가려면 가족 구성원 모두가 자신의 바람직한 역할을 잘 알고 실천해야 합니다.

① 내가 실천할 수 있는 역할 생각해 보기
- 부모님을 도와 집안일을 합니다.
- 읽은 책은 제자리에 정리합니다.
- 동생에게 양보하고 다정하게 말합니다.
- 가족끼리 한 약속은 꼭 지키려고 노력합니다.
- 어려운 일이 생기면 가족과 함께 이야기하여 해결합니다.

② 역할 실천 계획표 만들기: 역할 실천 계획표를 만들어 가족 구성원으로서 내가 할 수 있는 일을 정해서 계획을 세우고, 실천한 것을 평가할 수 있습니다.

초성 퀴즈 다음 초성을 보고, 핵심 단어를 위에서 찾아 써 봅시다. | 정답과 해설 12쪽

1 가족 구성원들이 함께 생활하다 보면 서로 생각이 달라 ㄱ ㄷ 이 생길 수 있습니다.

2 가족 간의 갈등을 해결하기 위해서는 가족 구성원이 서로 ㅂ ㄹ 하고 협력해야 합니다.

3 행복한 가정을 만들려면 가족 구성원들이 자신의 바람직한 ㅇ ㅎ 을 잘 알고 실천해야 합니다.

1 다음 ☐ 안에 들어갈 알맞은 말을 쓰시오.

> 가족 구성원 간의 ☐☐☐은 가족 구성원의 생각이나 의견이 서로 맞지 않아 부딪치고 있는 것을 말합니다.

(   )

2 가족 구성원 간의 갈등을 해결하기 위해 필요한 자세를 <u>잘못</u> 말한 어린이는 누구인지 쓰시오.

> 가족 구성원들이 협력하여 문제를 해결해요.
>
> 수정

> 서로 존중하고 배려하는 마음을 가져요.
>
> 도현

> 갈등을 알려고 하지 않고, 가족과의 대화를 피해요.
>
> 솔이

(   )

3 가족 구성원 간의 갈등 상황을 해결해 보는 역할극을 하면 좋은 점을 보기에서 모두 골라 기호를 쓰시오.

> 보기
> ㉠ 가족 구성원 간 각자의 입장이 모두 같다는 것을 알 수 있다.
> ㉡ 가족 구성원 간에 서로 존중하고 배려하는 마음이 필요하다는 것을 알 수 있다.
> ㉢ 가족 구성원의 간의 갈등 상황을 직접 겪어 보고 해결 방법을 생각해 볼 수 있다.

(   )

4 행복한 가정을 만들기 위해 가족 구성원들이 실천할 수 있는 방법으로 알맞지 <u>않은</u> 것은 어느 것입니까? (   )

① 식사 준비를 가족이 함께 한다.
② 형제자매 간에 서로 양보를 한다.
③ 가족들이 집안일을 나누어서 한다.
④ 가족과의 약속을 지키기 위해 노력한다.
⑤ 자신의 입장만 생각하고 서로를 원망한다.

오늘의 핵심

❶ 가족끼리 대화할 때에는 서로의 생각을 이해하고 (무시 · 존중)하는 자세를 가져야 합니다.

❷ 가족 안에서 자신의 역할을 성실하게 실천하는 자세가 필요합니다. (O · X)

오늘날의 다양한 가족 형태

사회가 변화하면서 오늘날에는 가족의 형태가 점점 다양해지고 있습니다.

1. 다양한 형태의 가족

다문화 가족	외국인과 우리나라 사람이 결혼하여 이룬 가족입니다.
재혼 가족	부모의 재혼을 통해 새로운 가족을 이룬 가족입니다.
한부모 가족	부모님 중 한 분과 자녀가 함께 사는 가족입니다.
입양 가족	자녀를 입양해서 부모와 자식 간의 관계를 맺은 가족입니다.
조손 가족	할머니 또는 할아버지가 손주와 함께 사는 가족입니다.

2. 새롭게 나타난 가족의 모습

- 1인 가구(혼자 사는 사람): 오늘날에는 결혼을 하지 않는 사람이나 혼자 사는 노인 등이 늘어나면서 1인 가구가 증가하고 있습니다.
- 동물과 함께 사는 가족: 개, 고양이, 물고기 등 반려동물을 기르는 사람들은 자신이 기르는 반려동물을 가족처럼 생각하기도 합니다.

1 가족의 형태

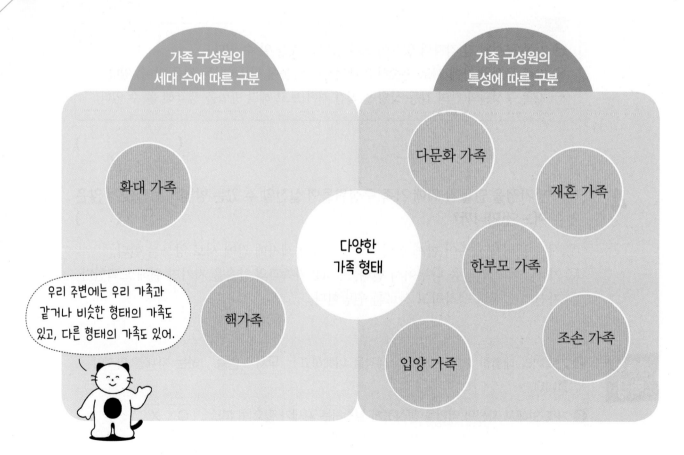

오늘날 가족을 이루는 구성원이
다양해지면서 가족의 형태도 다양해졌어.
또한 가족의 형태는 고정된 것이 아니라
상황에 따라 변화할 수 있어.

가족의 형태가 변화하는 경우

• 결혼을 하면서 자신이 속해 있던 가족에서 나와서
새로운 가족을 만듭니다.
• 자녀를 낳거나 입양을 하면 가족 구성원의 수가 늘
어납니다.
• 여러 가지 이유로 부부가 따로 살게 되는 경우도
있습니다.
• 부모님 대신 할머니, 할아버지가 손주와 함께 살
기도 합니다.

❷ 우리 주변에서 볼 수 있는 다양한 형태의 가족

부모님 중 한 분이 외국인인 가족

우리와 함께 어우러져 살아가는
여러 가족의 모습을 살펴보자.

아빠 고향인 터키
음식이 참 맛있어요.

다문화 가족이 늘어나면서, 사회 여러 분야
에서 다양한 나라의 문화를 가진 사람들이 활
동하고 있습니다.

다른 나라 국적을 가진 외국인과 우리나라 사람이 결
혼하여 이룬 가족으로, 다문화 가족이라고 합니다.

부모님이 재혼을 해서 이루어진 가족

엄마와 둘이 살던
나한테 아빠와 오빠가
생겼어요.

두 가족이 새롭게 한 가족을 이루어
함께 살고 있습니다.

부부가 헤어진 뒤 다른 사람과 다시 결혼하여 이룬
가족으로, *재혼 가족이라고 합니다.

＊**재혼**: 다시 결혼함.

부모님 중 한 분과 자녀가 함께 사는 가족

나는 아빠랑 둘이 살아요. 아빠는 나를 많이 사랑해 주세요.

부모님 중 한 분과 자녀가 함께 사는 가족으로, 한부모 가족이라고 합니다.

가족마다 그 형태는 다르지만 가정에서 예절을 배우고, 서로 사랑하며 살아간다는 점은 비슷해.

입양을 통해 새롭게 맺어진 가족

입양한 자녀와 새로운 부모가 가족을 이루어 함께 살고 있습니다.

부모님께서 입양하신 동생이 무척 귀여워요.

자녀를 *입양해서 부모와 자식 간의 관계를 맺은 가족으로, 입양 가족이라고 합니다.

*입양: 혈연관계가 아닌 사람들이 친부모와 친자식의 관계를 맺는 것

할머니, 할아버지가 손주와 함께 사는 가족

나는 할머니의 보살핌과 사랑을 받으며 살아요.

부모님 대신 할머니나 할아버지가 손주와 함께 살고 있습니다.

할머니 또는 할아버지가 *손주와 함께 사는 가족으로, 조손 가족이라고 합니다.

*손주: 손자와 손녀를 아울러 이르는 말

③ 새롭게 나타난 가족의 모습

최근에는 결혼을 하지 않는 사람이나 혼자 사는 노인 등이 늘어나면서 1인 가구가 증가하고 있어.

혼자 사는 사람이 늘어나면서 편의점과 대형 할인점 등에서는 1인용으로 포장한 다양한 식품을 판매하고 있습니다. 전자 제품 매장에서는 1인용 밥솥 등이 인기를 끌고 있고, 1인용 탁자를 마련한 음식점이 생기기도 하였습니다.

↑ 1인용 포장 과일과 1인 전용 식당

동물과 함께 사는 가족

사람과 반려동물이 더불어 살아가려면 가족 구성원 모두에게 그 동물을 끝까지 보살피겠다는 책임감이 있어야 해.

개, 고양이, 물고기, 새 등 *반려동물을 기르는 사람들은 자신이 기르는 반려동물을 가족처럼 생각하기도 합니다.

*반려동물: 사람이 정서적으로 의지하고자 가까이 두고 기르는 동물

↑ 사람과 더불어 살아가는 반려동물

개념 정리하기

1. 가족의 형태

① 가족 구성원의 세대 수에 따른 구분: 확대 가족, 핵가족 등이 있습니다.

② 가족 구성원의 특성에 따른 구분: 다문화 가족, 재혼 가족, 한부모 가족, 입양 가족, 조손 가족 등이 있습니다.

2. 우리 주변에서 볼 수 있는 다양한 형태의 가족

다문화 가족	다른 나라 국적을 가진 외국인과 우리나라 사람이 결혼하여 이룬 가족입니다.
재혼 가족	부부가 헤어진 뒤 다른 사람과 다시 결혼하여 이룬 가족입니다.
한부모 가족	부모님 중 한 분과 자녀가 함께 사는 가족입니다.
입양 가족	자녀를 입양해서 부모와 자식 간의 관계를 맺은 가족입니다.
조손 가족	할머니 또는 할아버지가 손주와 함께 사는 가족입니다.

↳ 가족마다 그 형태는 다르지만 가정에서 예절을 배우고, 서로 사랑하며 살아간다는 점은 비슷합니다.

3. 새롭게 나타난 가족의 모습

① 1인 가구(혼자 사는 사람)

• 최근에는 결혼을 하지 않는 사람이나 혼자 사는 노인 등이 늘어나면서 1인 가구가 증가하고 있습니다.

• 혼자 사는 사람이 늘어나면서 이들을 위한 제품과 서비스가 많아지고 있습니다.

② 동물과 함께 사는 가족

• 개, 고양이, 물고기, 새 등 반려동물을 기르는 사람들은 자신이 기르는 반려동물을 가족처럼 생각하기도 합니다.

• 사람과 반려동물이 더불어 살아가려면 가족 구성원 모두에게 그 동물을 끝까지 보살피겠다는 책임감이 있어야 합니다.

초성 퀴즈 다음 초성을 보고, 핵심 단어를 위에서 찾아 써 봅시다. | 정답과 해설 13쪽

1 ㄷ ㅁ ㅎ 가족은 다른 나라 국적을 가진 외국인과 우리나라 사람이 결혼하여 이룬 가족입니다.

2 입양 가족은 혈연관계가 아닌 ㅈ ㄴ 를 입양해서 이룬 가족입니다.

3 반려동물과 함께 살아가려면 그 동물을 끝까지 보살피겠다는 ㅊ ㅇ ㄱ 이 있어야 합니다.

문제로 확인하기

| 정답과 해설 13쪽

1 오늘날 우리 사회의 가족 형태에 대해 <u>잘못</u> 이야기한 어린이는 누구인지 쓰시오.

> • 지후: 가족의 형태는 다양하지 않아요.
> • 민아: 우리 가족과 다른 형태의 가족도 있어요.
> • 종현: 우리 가족과 같거나 비슷한 형태의 가족도 있어요.

(   )

2 다음 그림에 나타난 가족이 이루어진 방법은 무엇입니까? (   )

엄마와 둘이 살던 나한테 아빠와 오빠가 생겼어요.

① 이민
② 이사
③ 입학
④ 재혼
⑤ 출산

3 부모님 중 한 분과 자녀로 이루어진 가족을 골라 기호를 쓰시오.

(가)   (나)   (다)

 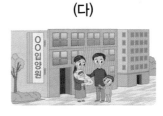

(   )

4 다음 ☐ 안에 공통으로 들어갈 알맞은 말을 쓰시오.

> 개, 고양이, 물고기 등 다양한 ☐☐☐☐ 과 함께 생활하는 사람들이 1,000만 명을 넘어섰습니다. 많은 사람이 ☐☐☐☐ 을 가족 구성원처럼 소중하게 생각합니다.

(   )

오늘의 핵심

❶ 우리 사회에는 다문화 가족, 입양 가족 등 (**다양한** , 한 가지) 형태의 가족이 있습니다.

❷ 한부모 가족은 할머니나 할아버지가 손주와 함께 사는 가족입니다. (O , X)

오늘날 다양한 가족의 생활 모습

가족마다 가족 형태나 가족 구성원이 다르기 때문에 가족의 살아가는 모습도 다양합니다.

1. **다양한 가족의 생활 모습**
   • **다문화 가족**: 어머니의 고향인 나라에서 많이 먹는 재료로 김밥을 만들어 가족과 맛있게 먹습니다.
   • **입양 가족**: 동생을 입양한다는 이야기를 듣고 동생이 생긴다는 설렘과 기대감을 느낍니다.
   • **재혼 가족**: 두 가족이 만나 새로운 가족을 이루었으며, 가족들이 서로 대화를 하고 함께 놀면서 점점 친해집니다.
   • **한부모 가족**: 아버지는 혼자 자녀를 키우느라 힘들 때도 있지만, 아이가 커 가는 모습을 보며 뿌듯해 합니다.
   • **조손 가족**: 할아버지께서는 손자와 손녀를 사랑으로 보살펴 주십니다.

2. **다양한 가족의 생활 모습 찾아보기**: 도서 자료, 영상 자료, 뉴스, 신문 기사 등을 통해 다양한 가족의 생활 모습을 찾아볼 수 있습니다.

❶ 다양한 가족의 생활 모습

책, 드라마, 영화 등의 자료에서 다양한 형태의 가족이 살아가는 모습을 볼 수 있어.

> 일기 속 가족 - 외국인과 한국인이 결혼하여 이루어진 가족의 생활 모습

20○○년 ○월 ○일

제목: 김밥

오늘은 어머니가 태어난 나라인 독일에서 많이 먹는 재료들로 김밥을 만들었다. 김밥 안에는 피클이랑 처음 보는 소시지, 치즈가 있었다. 어머니, 아버지와 같이 먹은 김밥은 정말 맛있었다. 어머니께서는 오늘의 요리가 대성공이라고 좋아하셨다.

• 독일인과 한국인이 결혼하여 이루어진 다문화 가족의 이야기입니다.
• 일기 속 주인공은 어머니의 고향인 독일에서 많이 먹는 재료로 김밥을 만들어 가족과 맛있게 먹었습니다.

동화책 속 가족 - 입양을 통해 이루어진 가족의 생활 모습

아빠는 할머니처럼 헛기침을 두어 번 하더니 말하기 시작했다.

"저. 하늘이 동생을 봤으면 합니다. 얼마 전 협회에서 만난 아이가 있습니다.

이제 삼 주 된 남자 아기인데 눈동자며 입꼬리며 하늘이를 쏙 닮았어요.

우리 가족이 되었으면 합니다."

아. 엄마 아빠는 내 동생을 입양하려는 모양이다.

모레 올 동생처럼 할머니가 내 *태몽은 꾸지 않았지만 괜찮다.

이제 나도 누나가 되니까.

– 김려령 『내 가슴에 해마가 산다』

*태몽: 아이를 밸 것이
라고 알려 주는 꿈

• 하늘이의 가족이 하늘이의 동생을 입양하기 위하여 이야기를 나누는 내용입니다.
• 하늘이 역시 입양된 아이로, 하늘이는 동생이 생긴다는 설렘과 기대감을 느낍니다.

만화 속 가족 - 재혼을 통해 이루어진 가족의 생활 모습

우리 가족은 원래 아빠랑 오빠, 나 세 명이었어요.

어느 날 엄마랑 언니가 함께 우리 집에 왔어요.

오빠, 언니, 나 이렇게 우리 셋은 무엇이든 함께해요.

이제 우리 가족은 다섯 명이에요.

어머니와 언니가 생겨 기뻐하는 주인공의 마음이 느껴져.

• 만화 속 주인공과 아버지, 오빠가 함께 살던 가족과 어머니와 언니가 함께 살던 가족이 만나 새로운 가족을 이룬 이야기입니다.
• 가족들이 서로 대화를 하고 함께 놀면서 점점 친해집니다.

신문 기사 속 가족 - 부모님 중 한 분과 자녀로 이루어진 가족의 생활 모습

20○○년 ○○월 ○○일   □□신문

혼자 딸을 키우는 △△ 씨는 아침마다 아이의 머리를 정성스럽게 묶어 준다. 그는 아이를 유치원에 데려다준 뒤에야 직장으로 간다. 그리고 퇴근 시각이 되면 유치원에 들러서 아이를 집으로 데리고 온다. △△ 씨는 혼자 딸을 키우느라 힘들 때도 있지만, 아이가 커 가는 모습을 보면 뿌듯하다고 한다.

아버지는 나중에 딸이 컸을 때 아버지가 자신을 사랑으로 키웠다는 것을 진심으로 알아주기를 바라실 거야.

- 아버지와 딸이 함께 사는 한부모 가족의 이야기입니다.
- 아버지는 혼자 딸을 키우느라 힘들 때도 있지만, 딸이 커 가는 모습을 보며 뿌듯해 합니다.

영화 속 가족 - 할머니 또는 할아버지와 손주로 이루어진 가족의 생활 모습

- 할아버지와 손주들이 함께 사는 조손 가족의 이야기입니다.
- 할아버지께서는 손주들의 식사를 준비하고 목욕을 도와주며, 잠을 재웁니다.
- 손자와 손녀를 사랑하는 할아버지의 마음이 느껴집니다.

❷ 다양한 가족의 생활 모습 찾아보기

다양한 방법으로 우리 사회의 가족들이 살아가는 모습이 담긴 자료를 찾아볼 수 있어.

도서 자료 찾아보기

가족과 관련된 여러 가지 이야기 자료를 찾을 수 있고, 그림과 사진이 담긴 자료도 찾을 수 있습니다.

영상 자료 찾아보기

실제 가족의 모습을 담은 영상, 영화나 드라마 등에서 다양한 가족의 생활 모습을 살펴볼 수 있습니다.

내가 조사한 가족의 생활 모습에서 긍정적인 부분은 무엇이 있는지 함께 생각해 보자.

뉴스, 신문 기사 찾아보기

우리 사회에서 많은 사람들이 관심을 갖고 함께 생각해 볼만한 여러 가족의 이야기를 찾아볼 수 있습니다.

개념 정리하기

1. 다양한 가족의 생활 모습

다문화 가족	어머니의 고향인 나라에서 많이 먹는 재료로 김밥을 만들어 가족과 맛있게 먹습니다.
입양 가족	동생을 입양한다는 이야기를 듣고 동생이 생긴다는 설렘과 기대감을 느낍니다.
재혼 가족	두 가족이 만나 새로운 가족을 이루었으며, 가족들이 서로 대화를 하고 함께 놀면서 점점 친해집니다.
한부모 가족	아버지는 혼자 자녀를 키우느라 힘들 때도 있지만, 아이가 커 가는 모습을 보며 뿌듯해 합니다.
조손 가족	할아버지께서는 손주들의 식사를 준비하고 목욕을 도와주며, 잠을 재우는 등 손자와 손녀를 사랑으로 보살펴 주십니다.

↳ 가족마다 가족 형태나 가족 구성원이 다르기 때문에 가족의 생활 모습도 다양합니다.

2. 다양한 가족의 생활 모습 찾아보기: 여러 가지 방법을 통해 다양한 가족의 생활 모습이 담긴 자료를 찾아볼 수 있습니다.

① **도서 자료 찾아보기**: 가족과 관련된 여러 가지 이야기 자료를 찾을 수 있고, 그림과 사진이 담긴 자료도 찾을 수 있습니다.

② **영상 자료 찾아보기**: 실제 가족의 모습을 담은 영상, 영화나 드라마 등에서 다양한 가족의 생활 모습을 살펴볼 수 있습니다.

③ **뉴스, 신문 기사 찾아보기**: 우리 사회에서 많은 사람들이 관심을 갖고 함께 생각해 볼만한 여러 가족의 이야기를 찾아볼 수 있습니다.

초성 퀴즈 다음 초성을 보고, 핵심 단어를 위에서 찾아 써 봅시다. | 정답과 해설 13쪽

1 가족마다 가족 형태나 가족 구성원이 다르기 때문에 가족의 ㅅ ㅎ ㅁ ㅅ 도 다양합니다.

2 아버지가 입양원에서 동생을 ㅇ ㅇ 할 것이라는 이야기를 듣고 동생이 생긴다는 설렘과 기대감을 느낍니다.

3 영화나 드라마 등 ㅇ ㅅ 자료를 찾아보면 다양한 가족의 생활 모습을 살펴볼 수 있습니다.

1 다음 중 재혼을 통해 이루어진 가족에 해당하는 어린이는 누구인지 쓰시오.

> • 은영: 아버지와만 살았었는데, 어머니와 언니가 생겨 너무 기뻐.
> • 선미: 입양원에서 데려올 동생을 만날 생각을 하니 설레고 기대돼.
> • 준우: 가족들과 어머니의 고향인 독일에서 많이 먹는 재료로 김밥을 만들 거야.

(   )

2~3 다음을 보고 물음에 답하시오.

> 20○○년 ○○월 ○○일   □□신문
>
> 혼자 딸을 키우는 △△ 씨는 아침마다 아이의 머리를 정성스럽게 묶어 준다. 그는 아이를 유치원에 데려다준 뒤에야 직장으로 간다. △△ 씨는 혼자 딸을 키우느라 힘들 때도 있지만, 아이가 커 가는 모습을 보면 뿌듯하다고 한다.

2 위와 같이 가족의 생활 모습을 나타낸 자료는 어느 것입니까? (   )

① 시   ② 만화   ③ 영화   ④ 일기   ⑤ 신문 기사

3 위의 자료에 나타난 가족의 형태는 무엇입니까? (   )

① 입양 가족   ② 재혼 가족   ③ 조손 가족   ④ 다문화 가족   ⑤ 한부모 가족

4 다음 영화 장면에 나타난 가족의 모습으로 알맞은 것은 어느 것입니까? (   )

① 결혼한 자녀와 부모가 함께 산다.
② 문화가 다른 나라에서 살고 있다.
③ 동물을 가족 구성원으로 생각한다.
④ 할아버지와 손자가 함께 사는 조손 가족이다.
⑤ 할아버지는 손자와 함께 살면서 어려움을 전혀 느끼지 않는다.

오늘의 핵심

❶ 가족마다 가족의 형태나 가족을 구성하는 사람들이 다릅니다. (O . X)

❷ 가족이 살아가는 모습은 (다양합니다 . 모두 같습니다).

다양한 가족을 존중하는 태도

다양한 가족의 생활 모습을 표현하면서, 서로 다른 가족의 생활 모습을 존중해야 한다는 것을 알 수 있습니다.

1. 다양한 가족의 생활 모습 표현하기
- 계획하기: 표현하고 싶은 가족의 형태와 생활 모습을 선택합니다. → 가족의 모습을 표현할 방법을 선택합니다. → 표현하고 싶은 내용을 간단히 써 봅니다.
- 표현하기: 표현하고자 하는 가족의 생활 모습을 선택한 방법을 활용하여 직접 표현해 봅니다.
- 작품 발표 및 감상하기: 완성한 작품을 발표하고, 느낀 점을 이야기해 봅니다.

2. 가족의 의미
- 가족의 역할: 사회생활에 필요한 규칙과 예절을 가르쳐 주고, 힘들 때 의지할 수 있는 쉼터이자 보금자리 역할을 합니다.
- 가족의 의미: 가족은 누구에게나 소중하고 특별한 의미를 지닙니다.

3. 다양한 가족을 대하는 바람직한 태도: 우리 사회를 이루는 다양한 가족이 살아가는 모습을 이해하고 존중하는 태도를 가져야 합니다.

① 다양한 가족의 생활 모습 표현하기

1 표현할 가족의 형태와 생활 모습 선택하기

다양한 가족의 형태 중 표현하고 싶은 가족의 형태와 생활 모습을 선택합니다.

2 표현 방법 선택하기

가족의 모습을 표현할 방법을 선택합니다. 표현 방법에는 그림 그리기, 만화 그리기, 노랫말 바꾸기, 포스터 만들기, 역할극 대본 쓰기, 동시 짓기, 일기나 편지글 쓰기 등이 있습니다.

다양한 가족의 생활 모습을 표현하려면 표현할 가족의 형태, 표현 방법, 표현하고 싶은 내용 등을 생각해 봐야 해.

3 표현하고 싶은 내용을 간단히 써 보기

표현하려는 가족 모습의 대략적인 줄거리 또는 표현하려는 특정 장면을 간단히 써 봅니다.

4 표현하기

표현하고자 하는 가족의 생활 모습을 선택한 방법을 활용하여 직접 표현해 봅니다.

그림 그리기

인상 깊은 가족의 모습을 스케치, 색칠하기 등의 방법을 이용하여 그림으로 나타낼 수 있습니다.

외국에서 오신 이모부께서 주말에 고향의 전통 음식을 만드신 모습을 표현했어.

노랫말을 바꾸어 새롭게 가족이 된 모습을 표현했네.

노랫말 바꾸기

표현하고자 하는 가족과 관련된 내용으로 노랫말 가사를 바꿀 수 있습니다.

사과 같은 내 얼굴

김방옥 작사 / 외국 곡

사과 같은	내 얼굴	예쁘기도	하구나
예 나에게도	아빠가	생겼어요	기뻐요
눈도 반짝	코도 반짝	입도 반짝	반짝
우리 가족	새 출발을	기념해요	찰칵

역할극 대본 쓰기

가족 구성원의 역할과 생활 모습이 실감 나게 표현되도록 역할극 대본을 쓸 수 있습니다.

동생이 생겼어요.

나: 오늘이 드디어 그날이에요!
아버지: 오늘부터 우리 소라도 언니가 되는구나.
어머니: 나갈 준비 다 했니? 이제 곧 동생을 데리러 입양원으로 출발할 거야.
나: 동생이 생기면 장난감도 같이 가지고 놀 거고, 자전거 타는 방법도 가르쳐 줄래요!

다양한 형태의 가족이 살아가는 모습을 역할 놀이로 해 보아도 재미있을 거야.

역할극 대본을 보면 입양 가족을 표현하였음을 알 수 있어.

다양한 가족의 모습을 살펴보면서 다른 가족을 더 잘 이해하고 배려할 수 있어.

5 완성한 작품을 발표하고, 느낀 점 이야기하기

완성한 작품을 친구들에게 발표합니다. 서로의 작품을 감상하면서 어떤 생각이나 느낌이 들었는지 이야기해 봅니다.

❷ 가족의 의미

가족이 필요한 까닭

가족의 형태와 생활 모습이 달라져도 가족이 지닌 의미는 변하지 않아.

가족 안에서 *사회생활에 필요한 규칙과 예절을 배울 수 있습니다.

*사회생활: 사람이 사회의 구성원으로서 질서를 유지하며 함께 살아가는 것

가족이 아프면 보살펴 주고 건강하게 지낼 수 있도록 돕습니다.

함께 여가 활동이나 놀이 등을 하며 가족이 즐거운 시간을 보냅니다.

가족이 실수를 해도 이해해 주고, 어렵고 힘들 때 힘과 용기를 낼 수 있도록 위로하고 격려해 줍니다.

가족은 힘들 때 의지할 수 있는 쉼터이자 보금자리 역할을 해. 우리는 가족의 사랑과 보살핌 속에서 태어나고 자라지.

가족은 누구에게나 특별하고 소중한 의미를 지녀.

가족의 의미 표현하기

내가 생각하는 가족의 의미와 그 이유를 써 볼 수 있어.

가족이 있어서 좋은 점을 생각해 보면 좋겠네.

가족은 울타리입니다. 왜냐하면 항상 우리를 든든하게 지켜 주기 때문입니다.

가족은 비빔밥입니다. 왜냐하면 다양한 가족 구성원들이 모여서 하나의 가정을 이루기 때문입니다.

③ 다양한 가족을 대하는 바람직한 태도

 다른 가족이 살아가는 모습은 자신의 가족이 살아가는 모습과 비슷할 수도 있고 다를 수도 있어.

자신의 가족과 생활 모습이 다르다고 해서 잘못되었다고 생각하면 안 돼!

다양한 가족의 모습을 존중하는 태도

- 가족의 모습이 다를 수 있음을 인정하고 서로를 존중하는 태도를 지녀야 합니다.
- 다양한 모습으로 살아가는 가족을 있는 그대로 바라보아야 합니다.
- 우리 가족이 나에게 소중하고 특별한 것처럼, 다른 사람에게도 가족은 소중하고 특별하다는 것을 잊지 않아야 합니다.
- 다른 사람의 가족도 나의 가족처럼 생각하면서 돕고 배려해야 합니다.

 우리 사회 속 다양한 가족이 살아가는 모습을 이해하고 존중하는 태도를 가져야 해.

개념 정리하기

1. 다양한 가족의 생활 모습 표현하기

계획하기	❶ 표현하고 싶은 가족의 형태와 생활 모습을 선택합니다. ❷ 가족의 모습을 표현할 방법을 선택합니다. 　예 그림 그리기, 노랫말 바꾸기, 역할극 대본 쓰기 등 ❸ 표현하고 싶은 내용을 간단히 써 봅니다.
표현하기	❹ 표현하고자 하는 가족의 생활 모습을 선택한 방법을 활용하여 직접 표현해 봅니다.
작품 발표 및 감상하기	❺ 완성한 작품을 발표하고, 느낀 점을 이야기해 봅니다.

2. 가족의 의미

가족이 필요한 까닭	• 가족 안에서 사회생활에 필요한 규칙과 예절을 배울 수 있습니다. • 가족이 아프면 보살펴 주고 건강하게 지낼 수 있도록 돕습니다. • 함께 여가 활동이나 놀이 등을 하며 가족이 즐거운 시간을 보냅니다. • 가족이 실수를 해도 이해해 주고, 어렵고 힘들 때 힘과 용기를 낼 수 있도록 위로하고 격려해 줍니다. • 힘들 때 의지할 수 있는 쉼터이자 보금자리 역할을 합니다.
가족의 의미	가족은 누구에게나 특별하고 소중한 의미를 지닙니다.

3. 다양한 가족을 대하는 바람직한 태도

① 가족의 모습이 다를 수 있음을 인정하고, 존중하는 태도를 지녀야 합니다.
② 다양한 모습으로 살아가는 가족을 있는 그대로 바라보아야 합니다.
③ 가족은 누구에게나 소중하고 특별하다는 것을 잊지 않아야 합니다.
④ 다른 사람의 가족도 나의 가족처럼 생각하면서 돕고 배려해야 합니다.
↳ 다양한 가족이 살아가는 모습을 이해하고 존중하는 태도를 가져야 합니다.

초성 퀴즈 다음 초성을 보고, 핵심 단어를 위에서 찾아 써 봅시다.

| 정답과 해설 13쪽

1 우리는 가족 안에서 사회생활에 필요한 ㄱ ㅊ 과 ㅇ ㅈ 을 배울 수 있습니다.

2 서로 다른 가족이 살아가는 모습을 이해하고 ㅈ ㅈ 하는 태도가 필요합니다.

문제로 확인하기

| 정답과 해설 13쪽

1 다양한 가족의 생활 모습을 표현하려고 할 때 생각해 보아야 할 점이 <u>아닌</u> 것을 보기 에서 골라 기호를 쓰시오.

┌─ 보기 ───┐
│ ㉠ 표현 방법   ㉡ 표현하고 싶은 내용   │
│ ㉢ 작품을 감상하고 느낀 점   ㉣ 표현하고 싶은 가족의 형태   │
└───┘

(   )

2 다음 역할극 대본에서 표현하고자 한 가족 형태는 무엇입니까? (   )

> **동생이 생겼어요.**
>
> 아버지: 오늘부터 우리 소라도 언니가 되는
> 구나.
> 어머니: 나갈 준비 다 했니? 이제 곧 동생을
> 데리러 입양원으로 출발할 거야.
> 나: 동생이 생기면 장난감도 같이 가지고 놀
> 거고, 자전거 타는 방법도 가르쳐 줄래요!

① 입양을 통해 이루어진 가족
② 부모가 재혼하여 이루어진 가족
③ 결혼한 자녀와 부모가 함께 사는 가족
④ 한국인과 외국인이 결혼하여 이루어진 가족
⑤ 할아버지 또는 할머니와 손주로 이루어진 가족

3 가족의 역할로 알맞은 것을 <u>두 가지</u> 고르시오. (,   )

① 가족이 아프면 무관심해 한다.
② 가족의 실수를 이해해 주지 않는다.
③ 가족 구성원들의 보금자리가 되어 준다.
④ 가족이 힘과 용기를 내지 못하도록 한다.
⑤ 사회생활에 필요한 예절과 규칙을 가르쳐 준다.

4 다양한 가족을 대하는 바람직한 태도를 <u>잘못</u> 이야기한 어린이는 누구인지 쓰시오.

┌───┐
│ • 영현: 가족의 다양한 삶의 모습을 이해하고 존중해야 해.   │
│ • 수빈: 가족의 모습이 우리 가족과 다르면 이상하게 생각해야 해.   │
│ • 정아: 다른 사람에게도 가족은 소중하고 특별하다는 것을 알아야 해. │
└───┘

(   )

오늘의 핵심

❶ 다양한 가족의 생활 모습을 표현해 보면서 다른 가족을 더 잘 이해하고 (무시 · 배려)
할 수 있습니다.

❷ 다른 가족의 생활 모습이 자신의 가족과 다르더라도 존중해야 합니다. (O · X)

1 다음 ㉠, ㉡에 들어갈 알맞은 말을 각각 쓰시오.

> 옛날에는 혼례를 치르는 날에 신랑이 (㉠)을 타고 신부의 집으로 갔습니다. 혼례를 치르고 신부의 집에서 며칠을 지낸 후에 신랑은 (㉠)을, 신부는 (㉡)를 타고 신랑의 집으로 갔습니다.

㉠: (   ), ㉡: (   )

2 다음 사진과 같은 결혼식 모습에 대한 설명으로 알맞은 것은 어느 것입니까? (   )

① 합동결혼식을 한다.
② 전통 혼례 방식으로 결혼식을 한다.
③ 공원, 정원 등 야외에서 결혼식을 한다.
④ 하늘에서 스카이다이빙 결혼식을 한다.
⑤ 물속에서 스쿠버 다이빙 복장으로 결혼식을 한다.

3 옛날과 오늘날의 결혼식 모습을 비교한 내용으로 알맞은 것은 어느 것입니까? (   )

① 옛날에는 턱시도와 웨딩드레스를 입었고, 오늘날에는 한복을 입는다.
② 옛날에는 결혼식을 결혼식장에서 하였고, 오늘날에는 신부의 집에서 한다.
③ 옛날에는 결혼식 후에 신혼여행을 갔고, 오늘날에는 신랑의 집으로 간다.
④ 사람들이 신랑과 신부의 행복한 미래를 축복해 주는 모습은 변하지 않았다.
⑤ 옛날에는 결혼반지를 주고받았고, 오늘날에는 신랑이 신부에게 나무 기러기를 준다.

4 서술형 오른쪽 사진과 같이 폐백 때 어른들이 신부의 치마에 대추와 밤을 던지는 까닭을 쓰시오.

_____

_____

5 오른쪽 그림과 같은 가족 형태에 대한 설명으로 알맞은 것을 보기 에서 모두 골라 기호를 쓰시오.

↑ 확대 가족

> 보기
> ㉠ 옛날에 많았던 가족 형태이다.
> ㉡ 오늘날에 가장 많은 가족 형태이다.
> ㉢ 결혼한 자녀와 부모가 함께 사는 가족이다.
> ㉣ 결혼하지 않은 자녀와 부모가 함께 사는 가족이다.

(   )

6 중요 오늘날에 핵가족이 늘어난 까닭을 잘못 말한 어린이는 누구인지 쓰시오.

> • 정민: 대부분 농사를 지어 일손이 많이 필요하기 때문이야.
> • 태희: 자녀의 교육을 위해 다른 지역으로 이사 가기 때문이야.
> • 현서: 장사를 하기 위해 사람들이 많이 있는 곳으로 이사 가기 때문이야.
> • 혜정: 다른 지역에 직장을 구하게 되어 부모님과 떨어져 살게 되었기 때문이야.

(   )

7 다음 ㉠, ㉡에 들어갈 가족 구성원을 알맞게 짝지은 것은 어느 것입니까? ( )

> 옛날에는 주로 (㉠)가 어머니를 도와 집안일을 하였고, (㉡)께서는 손자에게 글 공부를 가르쳐 주셨습니다.

	㉠	㉡
①	아버지	할머니
②	남자아이	할머니
③	할아버지	할머니
④	남자아이	할아버지
⑤	여자아이	할아버지

8 오늘날 가족 구성원의 모습으로 알맞지 <u>않은</u> 것은 어느 것입니까? ( )

① 부모가 함께 자녀를 돌본다.
② 가족 구성원이 집안일을 나누어서 한다.
③ 부모가 모두 일하는 경우가 줄어들었다.
④ 성별에 따른 가족 구성원의 역할 구분이 없어지고 있다.
⑤ 가족의 중요한 일은 가족 구성원이 함께 의논하여 결정한다.

9 다음 내용을 검색한 결과로 알맞지 <u>않은</u> 것은 어느 것입니까? ( )

> 오늘날 가족 구성원의 역할이 변화한 까닭

① 사회 모습의 변화
② 높아진 남녀평등 의식
③ 여성의 사회 진출 활발
④ 여성의 교육받을 기회 축소
⑤ 남녀에게 동등한 사회 활동의 기회 제공

10 서로 생각이나 의견이 맞지 않아 부딪치고 있는 상태를 일컫는 말은 무엇입니까? ( )

① 갈등 ② 평화 ③ 행복
④ 화목 ⑤ 화합

11 가족 구성원 간의 갈등을 해결하기 위해 필요한 자세와 거리가 <u>먼</u> 것은 어느 것입니까? ( )

① 대화 ② 배려 ③ 존중
④ 협력 ⑤ 무관심

12 행복한 가정을 만들기 위한 실천 방법으로 알맞은 것은 어느 것입니까? ( )

① 집안일을 돕지 않는다.
② 식사 준비를 가족이 함께 한다.
③ 가족들과 대화하는 시간을 줄인다.
④ 형제자매 간에 서로 양보하지 않는다.
⑤ 형제자매 간에 장난감이나 물건을 욕심낸다.

13 다음 그림과 같은 가족 형태로 알맞은 것은 어느 것입니까? ( )

① 부모의 재혼을 통해 이루어진 가족
② 결혼한 자녀와 부모가 함께 사는 가족
③ 부모님 중 한 분과 자녀가 함께 사는 가족
④ 할머니, 할아버지와 손주가 함께 사는 가족
⑤ 외국인과 우리나라 사람이 결혼하여 이루어진 가족

14 오늘날의 가족 형태에 대한 설명으로 알맞지 <u>않은</u> 것은 어느 것입니까? ( )

① 가족의 형태가 다양하다.
② 입양을 통해 이루어진 가족도 있다.
③ 우리 가족과 다른 형태의 가족은 없다.
④ 우리 가족과 같거나 비슷한 형태의 가족도 있다.
⑤ 1인 가구나 반려동물과 함께 사는 가족처럼 새롭게 나타난 가족의 모습도 있다.

다음을 읽고 물음에 답하시오.

(가)

> 아빠는 헛기침을 두어 번 하더니 말하기 시작했다.
> "저, 하늘이 동생을 봤으면 합니다. 얼마 전 협회에서 만난 아이가 있습니다. 우리 가족이 되었으면 합니다."
> 아, 엄마 아빠는 내 동생을 입양하려는 모양이다. 모레 올 동생처럼 할머니가 내 태몽은 꾸지 않았지만 괜찮다. 이제 나도 누나가 되니까.
> – 『내 가슴에 해마가 산다』

(나)

> 20○○년 ○○월 ○○일   □□신문
>
> 혼자 딸을 키우는 △△ 씨는 아침마다 아이의 머리를 정성스럽게 묶어 준다. 그는 아이를 유치원에 데려다준 뒤에야 직장으로 간다. △△ 씨는 혼자 딸을 키우느라 힘들 때도 있지만, 아이가 커 가는 모습을 보면 뿌듯하다고 한다.

15 (가)에 나타난 가족 형태는 무엇입니까? (   )

① 입양 가족
② 재혼 가족
③ 조손 가족
④ 다문화 가족
⑤ 한부모 가족

16 (나)에 나타난 가족의 모습으로 알맞은 것은 어느 것입니까? (   )

① 딸은 아버지와 떨어져 살고 있다.
② 부부가 자녀를 입양하여 키우고 있다.
③ 두 가족이 만나 새로운 가족이 되었다.
④ 할아버지와 손주가 함께 사는 가족이다.
⑤ 아버지가 아침마다 딸의 머리를 묶어 준다.

중요★

17 (가), (나)를 읽고 알게 된 점을 옳게 이야기한 어린이는 누구인지 쓰시오.

> • 민지: 가족의 생활 모습은 모두 똑같아.
> • 성현: 가족마다 가족 형태나 가족 구성원이 서로 달라.

(   )

18 다음은 다양한 가족의 생활 모습을 표현하기 위해 세운 계획입니다. 빈칸에 들어갈 알맞은 말은 무엇입니까? (   )

> • 표현할 가족의 형태: 재혼 가족
> • (   ): 노랫말 바꾸기
> • 표현하고 싶은 내용: 아빠가 생겨 기쁜 마음을 표현하고 싶다.

① 준비물
② 느낀 점
③ 표현 방법
④ 알게 된 점
⑤ 표현하는 까닭

서술형

19 선생님의 질문에 대한 대답을 한 가지만 쓰시오.

가족의 역할에는 무엇이 있을까요?

_____

_____

20 다음 빈칸에 들어갈 알맞은 말은 무엇입니까? (   )

가족은 (   )입니다. 왜냐하면 항상 우리를 든든하게 지켜 주기 때문입니다.

① 이불
② 비빔밥
③ 솜사탕
④ 울타리
⑤ 충전기

1 결혼식을 할 때 옛날에는 신랑이 신부 측에 (㉠   )를 건네
주었고, 오늘날에는 신랑과 신부가 (㉡   )를 주고받습니다.

1 ㉠

    ㉡

2 확대 가족과 핵가족 중 오늘날에 더 많이 볼 수 있는 가족의 형태는 무
엇입니까?

2

3 오늘날에는 여성의 사회 진출이 ㉠ (줄어들고 , 늘어나고) 남녀가 평등
하다는 의식이 ㉡ (낮아지면서 , 높아지면서) 가족 구성원의 역할도 변
화했습니다.

3 ㉠

    ㉡

4 가족 구성원 간에 갈등을 해결하기 위해서는 (대화 , 분쟁)을/를 하면
서 서로 이해하고 배려하는 자세가 필요합니다.

4

5 오늘날에는 가족의 형태가 (다양합니다 , 다양하지 않습니다).

5

6 한국인 어머니와 고향이 터키인 아버지, 자녀가 함께 사는 가족은 한국
인과 (외국인 , 한국인)이 결혼해서 이루어진 가족입니다.

6

7 가족마다 그 형태나 구성원이 (같기 , 다르기) 때문에 가족이 살아가는
모습도 다양합니다.

7

8 우리는 우리의 쉼터이자 보금자리인 (   ) 안에서 사회생활
에 필요한 여러 가지 규칙과 예절을 배웁니다.

8

Memo

새 교과서 반영

'정답과 해설'은 본책에서 쉽게 분리할 수 있도록 제작되었으므로
유통 과정에서 분리될 수 있으나 파본이 아닌 정상제품입니다.

한끝 정답과 해설

초등사회 3·2

책 속의 가접 별책 (특허 제 0557442호)

ABOVE IMAGINATION

우리는 남다른 상상과 혁신으로
교육 문화의 새로운 전형을 만들어
모든 이의 행복한 경험과 성장에 기여한다

한끝

초등사회

3·2

정답과 해설

정답과 해설

1일차 우리 고장의 환경

문제로 확인하기 11쪽

1 환경 2 (1) (나), (다) (2) (가), (라)
3 ④ 4 ⑤

오늘의 핵심 1 자연환경 2 인문환경 3 ○

1 우리가 사는 고장은 다양한 환경으로 둘러싸여 있습니다. 산, 하천, 학교 등 우리 주변을 둘러싸고 있는 모든 것을 환경이라고 합니다.

2 환경에는 자연환경과 인문환경이 있습니다. (나) 눈과 (다) 하천은 자연환경에 해당하며, (가) 논과 (라) 항구는 인문환경에 해당합니다.

3 눈, 비, 바람, 기온 등은 날씨에 영향을 주는 자연환경에 해당합니다. ④ 다리는 인문환경에 해당합니다.

4 고장의 시청·군청·구청 누리집을 방문하면 우리 고장의 환경에 대한 사진, 동영상 자료를 살펴볼 수 있습니다.

2일차 환경에 따른 고장 사람들의 생활 모습

초성 퀴즈 1 시설 2 봄 (16쪽)

문제로 확인하기 17쪽

1 ㉠, ㉣ 2 ①
3 (1) 7월 (2) 1월 4 ④

오늘의 핵심 1 산, 바다 2 여름

1 고장 사람들은 바다에서 물고기를 잡거나 바다에 염전을 만들어 소금을 얻습니다. ㉡은 들, ㉢은 산을 이용하는 모습입니다.

2 고장 사람들은 하천 주변에 산책로를 만들어 운동이나 산책을 하는 곳으로 이용합니다. ②는 산을 이용하는 모습, ③은 바다를 이용하는 모습, ④는 들을 이용하는 모습입니다.

3 지민이네 고장은 7월의 평균 기온이 25℃로 가장 높고, 1월의 평균 기온이 2℃로 가장 낮습니다.

4 겨울에 고장 사람들은 두꺼운 옷을 입고, 스키나 썰매 등 겨울 스포츠를 즐깁니다.

3일차 고장 사람들이 하는 일

초성 퀴즈 1 논 2 바다 3 산 (22쪽)

문제로 확인하기 23쪽

1 ⑤ 2 (나) 3 바다
4 ④

오늘의 핵심 1 논과 밭이 펼쳐진 고장 2 ○

1 넓은 들을 논과 밭으로 이용하는 고장에 사는 사람들은 주로 곡식과 채소 등을 재배하고, 농기계를 팔거나 고치는 일 등을 합니다.

2 (가)는 바다가 있는 고장, (다)는 논과 밭이 펼쳐진 고장에 사는 사람들이 주로 하는 일입니다.

3 바다가 있는 고장에 사는 사람들은 주로 물고기를 잡거나 김, 미역 등을 기르며 살아갑니다.

4 ④는 바다가 있는 고장에 사는 사람들이 주로 하는 일입니다.

고장 사람들의 여가 생활 모습

초성 퀴즈 **1** 여가 생활 **2** 자연환경 28쪽

문제로 확인하기 29쪽

1 여가 생활 **2** 자연환경 **3** ③

4 ㉠

오늘의 핵심 **1** × **2** 인문환경

1 사람들은 일을 하고 남는 시간에 즐거움을 얻으려고 주로 고장의 자연환경과 인문환경을 이용해 여가 생활을 합니다.

2 래프팅은 하천, 낚시는 하천이나 바다를 이용한 여가 생활로, 이는 자연환경을 이용한 여가 생활에 해당합니다.

3 도서관, 운동장, 영화관, 박물관 등에서 여가를 즐겼다면 이는 인문환경을 이용한 여가 생활에 해당합니다. ③ 태민이는 바다라는 자연환경을 이용한 여가 생활을 즐겼습니다.

4 우리 고장 사람들의 여가 생활 모습을 조사하는 순서는 '㉠ → ㉢ → ㉡ → ㉣'입니다.

환경에 따라 다른 의생활 모습

초성 퀴즈 **1** 의식주 **2** 사막 34쪽

문제로 확인하기 35쪽

1 의식주 **2** ③, ⑤ **3** ②

4 ④

오늘의 핵심 **1** ○ **2** 춥고

1 사람이 살아가는 데 필요한 입을 옷과 먹을 음식, 자거나 쉴 수 있는 집을 통틀어 의식주라고 합니다.

2 여름에는 더위를 피하려고 짧은 옷이나 바람이 잘 통하는 재료로 만든 옷을 입거나 햇볕을 막는 모자를 쓰기도 합니다.

3 베트남은 날씨가 덥고 비가 많이 내리기 때문에 사람들은 바람이 잘 통하는 얇고 긴 옷을 입고, 햇볕과 비를 피하기 위해 챙이 넓은 모자를 씁니다.

4 낮과 밤의 기온 차가 큰 페루에서는 낮의 뜨거운 햇볕을 막고 밤의 추위를 견디기 위해 망토와 같은 긴 옷을 걸치고 모자를 씁니다.

환경에 따라 다른 식생활 모습

초성 퀴즈 **1** 비빔밥 **2** 바다 40쪽

문제로 확인하기 41쪽

1 메밀 **2** ② **3** ㉢

4 ③

오늘의 핵심 **1** ○ **2** 밀 **3** 해산물

1 평양은 날씨가 서늘하고 비가 많이 내리지 않아 쌀농사보다 밭농사를 많이 지어 감자나 메밀을 이용한 음식이 발달하였습니다.

2 ①은 영덕, ③은 제주, ④는 보성, ⑤는 영월에서 유명한 음식입니다.

3 날씨가 덥고 습한 고장에서는 열대 과일을 이용한 음식이 발달하였습니다.

4 산이 많은 고장에서는 젖소, 양 등을 많이 키워 여러 종류의 치즈를 이용한 음식이 많습니다.

7 일차 환경에 따라 다른 주생활 모습

초성 퀴즈 1 제주도　2 통나무　　46쪽

문제로 확인하기　　47쪽

1 우데기　　2 (가)　　3 ⑤
4 ①

오늘의 핵심 1 터돋움집　2 ○

1 겨울철에 눈이 많이 내리는 울릉도에서는 눈이 많이 와도 집 안을 자유롭게 다닐 수 있도록 지붕의 끝에서부터 땅에 닿는 부분까지 내린 벽인 우데기를 설치한 집을 지었습니다.

2 나무를 쉽게 구할 수 있는 고장에서는 나뭇조각으로 만든 너와를 지붕에 얹어 집을 지었습니다.

3 수상 가옥은 일 년 내내 덥고 비가 많이 내리는 고장에서 더위와 해충을 피하려고 물속에 말뚝을 박아 그 위에 지은 집입니다.

4 화산 폭발이 있었던 고장에서는 바위가 단단하지 않아 그 속을 파서 동굴집을 지었습니다.

8 일차 환경에 따른 의식주 생활 모습 소개하기

초성 퀴즈 1 모형　2 작은 책　　52쪽

문제로 확인하기　　53쪽

1 ②　　2 ③　　3 ⑤
4 (가)

오늘의 핵심 1 ×　2 모형

1 '② → ① → ⑤ → ③ → ④'의 순서로 우리 고장과 다른 고장의 의식주 생활 모습을 비교합니다.

2 손가락 그림을 만들 때에는 가장 먼저 종이 가운데에 자신의 손을 대고 모양을 따라 그리고, 다섯 손가락에 고장의 의식주 생활 모습을 글과 그림으로 정리합니다.

3 모형 만들기, 작은 책 만들기, 노랫말로 표현하기, 손가락 그림 그리기 등 다양한 방법으로 고장의 의식주 생활 모습을 표현할 수 있습니다.

4 고장의 의식주 생활 모습을 그림으로 그리고, 간단한 설명 글을 쓴 작은 책으로 만들면 많은 내용을 담을 수 있습니다.

1~8일차 단원 평가 1. 환경에 따라 다른 삶의 모습　54~56쪽

1 ③　　2 ④
3 **모범 답안** 바다에서 물고기를 잡는다. 바다에 염전을 만들어 소금을 얻는다.
4 ⑤　　5 ③　　6 ②, ⑤
7 겨울　　8 ③　　9 ②
10 ③　　11 ④　　12 의식주
13 ⑤　　14 ①　　15 ②
16 ③　　17 ④　　18 ⑤
19 ⑤　　20 ②

1 자연환경은 땅의 생김새와 날씨에 영향을 주는 것으로 나뉩니다. ①, ②, ④, ⑤는 자연환경 중 땅의 생김새에 해당합니다.

2 환경에는 자연환경과 인문환경이 있습니다. 비, 하천은 자연환경에 해당합니다. 밭, 항구는 사람들이 만든 인문환경에 해당합니다.

3 모범 답안 바다에서 물고기를 잡는다. 바다에 염전을 만들어 소금을 얻는다.

채점 기준
'바다에서 물고기를 잡는다.' / '바다에 염전을 만들어 소금을 얻는다.' 중 한 가지를 바르게 쓴 경우

그 밖에도 바다는 해수욕장, 항구, 양식장 등으로 이용할 수 있습니다.

4 고장 사람들은 하천의 물을 생활용수와 공업용수로 이용하고, 하천 주변에 산책로를 만들어 이용하기도 합니다.

5 고장 사람들은 들에 도로와 건물 등을 만들어 이용합니다. ①, ⑤는 바다, ②, ④는 산을 이용하는 모습입니다.

6 지연이네 고장은 계절에 따라 강수량이 다르게 나타나는데, 특히 여름인 7월에 강수량이 집중되어 있습니다.

7 겨울에 고장 사람들은 추위를 막기 위해 두꺼운 옷을 입고, 난로나 온풍기를 사용하며, 스키나 썰매 등 겨울 스포츠를 즐깁니다.

8 바다가 있는 고장에 사는 사람들은 주로 물고기를 잡는 일 외에도 배나 물고기 잡는 기구를 팔거나 고치는 일 등을 합니다.

9 도시에 사는 사람들은 주로 회사나 공장에서 일하기도 하고 물건이나 음식을 팔기도 합니다. ② 벼농사를 짓는 일은 넓은 들을 논으로 이용하는 고장에 사는 사람들이 주로 하는 일입니다.

10 박물관 관람은 박물관이라는 인문환경을 이용한 여가 생활입니다. ① 등산은 산, ② 래프팅은 하천, ④ 패러글라이딩은 산이라는 자연환경을 이용한 여가 생활입니다.

11 ㉠은 옷, ㉡은 음식, ㉢은 집입니다. ① 한옥과 ② 아파트는 집(주), ③ 목도리는 옷(의), ⑤ 아이스크림은 음식(식)의 예입니다.

12 우리가 살아가는 데 기본적으로 필요한 옷, 음식, 집을 통틀어 의식주라고 합니다.

13 고장 사람들은 날씨가 더운 여름에는 바람이 잘 통하는 재료로 만든 반팔 옷과 반바지를 입고, 햇볕을 막는 모자를 쓰기도 합니다. ①~④는 겨울철 옷차림입니다.

14 같은 계절이라도 고장별로 날씨가 다르기 때문에 고장 사람들의 옷차림이 차이가 날 수 있습니다.

15 날씨가 춥고 눈이 많이 오는 고장에서는 동물의 털과 가죽으로 만든 두꺼운 옷을 입습니다. ①은 이집트, ③은 베트남, ④는 페루에서 볼 수 있는 옷차림입니다.

16 ③ 갯벌이 넓게 펼쳐져 있어 꼬막무침이 발달한 곳은 보성입니다. 영덕은 수심이 깊은 주변 바다에서 대게가 많이 잡혀 대게찜이 발달하였습니다.

17 바다로 둘러싸인 고장에서는 주변 바다에서 생선, 조개 등이 많이 잡히기 때문에 생선을 이용한 음식이 많습니다.

18 제시된 사진은 너와집의 모습입니다. ⑤ 주변에서 쉽게 나무를 구할 수 있는 고장에서는 나뭇조각으로 지붕을 얹은 너와집을 지었습니다.

19 러시아처럼 겨울이 추운 고장에서는 추운 날씨에도 곧게 잘 자라고, 한겨울 추위를 막아 주는 나무를 이용하여 집을 지었습니다.

20 제시된 자료는 환경에 따라 달라지는 주생활 모습을 작은 책으로 만들어 표현한 것입니다.

쪽지 시험	1~8일차	57쪽
1 날씨	**2** 여름	**3** 바다
4 자연환경	**5** 의식주	**6** 이집트
7 산이 많은 고장		**8** 우데기

1 자연환경은 사람이 만들지 않은 자연 그대로의 환경으로, 산, 들, 하천, 바다와 같은 땅의 생김새와 눈, 비, 바람, 기온 등 날씨에 영향을 주는 것으로 나뉩니다.

2 여름에는 기온이 매우 높고 비가 많이 내려 고장 사람들은 얇은 옷을 입고 더위를 피하려고 바다나 수영장에서 물놀이를 즐깁니다.

3 바다가 있는 고장에 사는 사람들은 주로 물고기를 잡거나 굴, 김, 다시마 등을 기르는 일을 합니다.

4 사람들은 자연환경이나 인문환경을 이용해 여가 생활을 합니다. 등산, 낚시, 래프팅, 패러글라이딩 등은 산이나 하천, 바다 등 고장의 자연환경을 이용한 여가 생활입니다.

5 사람이 살아가는 데 기본적으로 필요한 옷, 음식, 집을 통틀어 의식주라고 합니다.

6 사막이 있는 이집트에서는 뜨거운 햇볕과 모래바람으로부터 몸을 보호하려고 온몸을 감싸는 긴 옷을 입고 머리에는 천을 둘러 감습니다.

7 산이 많은 고장에서는 젖소를 많이 키워 여러 종류의 치즈를 이용한 음식이 많습니다.

8 겨울철에 눈이 많이 내리는 울릉도에서는 우데기를 설치한 집을 지어 눈이 많이 와도 집 안을 자유롭게 다닐 수 있었습니다.

---

9 일차 자연에서 얻은 도구를 사용하던 옛날의 생활 모습

초성 퀴즈 **1** 생활 도구 **2** 돌 **3** 토기 (62쪽)

문제로 확인하기 63쪽

1 생활 도구 **2** ①
3 토기(빗살무늬 토기) **4** ③, ⑤

오늘의 핵심 **1** ○ **2** 농사짓기

---

1 사람들이 생활하는 데 필요한 여러 가지 물건을 생활 도구라고 합니다. 옛날 사람들은 자연에서 구하기 쉬운 돌과 나무 등으로 생활 도구를 만들었습니다.

2 돌을 깨뜨려 도구를 만든 시대의 사람들은 추위를 피하거나 동물들의 공격을 막기 위해 주로 동굴이나 바위 그늘에서 살았습니다. ① 강가나 바닷가에 모여 살았던 것은 돌을 갈아서 도구를 만든 시대 사람들의 생활 모습입니다.

3 토기는 흙으로 빚은 뒤 불에 구워 만든 그릇으로, 음식을 조리하거나 보관하는 데 사용하였습니다. 빗살무늬 토기는 바깥 면에 빗살무늬가 있습니다.

4 오늘날에는 옛날 사람들의 생활 모습을 엿볼 수 있는 박물관이나 유적지가 많이 있습니다.

---

10 일차 새로운 도구를 만들어 사용하던 옛날의 생활 모습

초성 퀴즈 **1** 청동 **2** 제사 **3** 철 (68쪽)

문제로 확인하기 69쪽

1 ㉠, ㉢, ㉣ **2** ② **3** ⑤
4 은지

오늘의 핵심 **1** × **2** 철

---

1 ㉡ 청동은 귀하고 다루기 어려워서 농사를 지을 때에는 여전히 돌과 나무로 만든 농기구를 사용하였습니다.

2 농경문 청동기는 제사를 지낼 때 사용한 도구로, 농경문 청동기에는 농사 도구로 땅을 가는 모습이나 농사 도구를 들고 있는 모습과 같은 농사짓는 모습이 새겨져 있습니다.

3 철로 만든 농사 도구는 단단하고 날카로워 농사를 지을 때 힘이 덜 들었기 때문에 농업이 크게 발달하는 데 영향을 주었습니다.

4 철은 청동보다 훨씬 단단하여 생활 도구와 무기로 널리 사용되었습니다. 철로 만든 농사 도구를 사용하면서 농업은 크게 발달하였고, 철로 만든 무기를 가진 사람들은 전쟁에서 쉽게 이길 수 있었습니다.

농사짓는 도구의 발달과 생활 모습의 변화

초성 퀴즈 **1** 철 **2** 콤바인 (74쪽)

문제로 확인하기 75쪽

1 ㉠ 돌괭이(돌로 만든 괭이) ㉡ 트랙터
2 (나) **3** (나) → (라) → (다) → (가)
4 ③

오늘의 핵심 **1** 수확할 때 **2** 철

1 농사 도구를 만드는 재료는 돌에서 철로 점차 바뀌었습니다. 이후 소를 이용하는 농사 도구를 사용하다가 오늘날에는 트랙터 등 농기계를 사용하여 농사를 짓습니다.

2 반달 돌칼은 돌로 만든 농사 도구로 곡식을 수확하는 데 사용하였습니다. 생김새가 대체로 반달 모양이라 '반달 돌칼'이라고 부릅니다.

3 곡식을 수확하는 도구는 '(나) 반달 돌칼 → (라) 철로 만든 낫 → (다) 탈곡기 → (가) 콤바인(수확기)'의 순서로 발달하였습니다.

4 ③ 농사 도구가 발달하면서 한 사람이 농사지을 수 있는 논밭의 넓이가 넓어졌습니다.

옷과 음식을 만드는 도구의 발달과 생활 모습의 변화

초성 퀴즈 **1** 재봉틀 **2** 맷돌 **3** 가마솥 (80쪽)

문제로 확인하기 81쪽

1 가락바퀴 **2** ⑤ **3** ③
4 (라)

오늘의 핵심 **1** 빠르게 **2** 토기

1 옛날 사람들은 식물의 줄기를 얇게 뜯고 가락바퀴에 꽂은 막대기에 꼬아서 실을 만들었습니다. 이렇게 만들어진 실로 가죽 조각을 이어 사람의 몸에 맞는 옷을 만들 수 있었습니다.

2 ⑤ 돌을 갈아서 날카롭게 만든 반달 돌칼은 곡식을 수확하는 농사 도구입니다.

3 시루는 물을 끓일 때 바닥의 구멍에서 올라오는 뜨거운 김으로 음식을 쪄 먹을 수 있는 도구입니다.

4 음식을 만드는 도구는 '(다) 토기 → (나) 시루 → (가) 가마솥 → (라) 전기밥솥'의 순서로 발달하였습니다. 오늘날에는 전기밥솥을 사용하여 쉽고 빠르게 밥을 지을 수 있습니다.

집의 형태 변화

초성 퀴즈 **1** 동굴 **2** 기와집 (86쪽)

문제로 확인하기 87쪽

1 움집 **2** ⑤ **3** ④
4 온돌

오늘의 핵심 **1** 움집 **2** ×

1 움집은 땅을 파서 나무로 기둥을 세우고 비바람을 막기 위해 그 위에 풀이나 짚을 덮어 만든 집입니다.

2 ⑤ 초가집의 지붕을 덮었던 볏짚은 불에 잘 타고 쉽게 썩었습니다. 그래서 사람들은 한 해 농사가 끝나면 새 볏짚으로 지붕을 바꿨습니다.

3 제시된 어린이가 설명하고 있는 집은 아파트입니다. 오늘날 많은 사람들이 시멘트와 철근 등으로 지은 아파트에 삽니다.

4 온돌은 방바닥 아래에 넓은 돌(구들장)을 여러 개 놓고 이 돌을 데워 방을 따뜻하게 하는 난방 장치입니다. 우리 조상들은 온돌을 사용해 추운 겨울을 따뜻하게 보낼 수 있었습니다.

4 옛날 사람들이 살았던 집의 모습을 조사하는 방법으로는 누리집 검색으로 알아보기, 어른께 여쭈어보기, 옛날 집을 소개한 책 살펴보기, 유적지나 민속촌, 민속 마을 견학하기 등이 있습니다. ② 직접 집을 지어 보기는 옛날 사람들이 살았던 집의 모습을 조사하는 방법으로 알맞지 않습니다.

15일차 세시 풍속의 의미와 옛날의 세시 풍속

초성 퀴즈 1 세시 풍속 2 설날 (98쪽)

문제로 확인하기 99쪽

1 ④   2 정월 대보름   3 세미
4 ④

- -

오늘의 핵심 1 ○ 2 추석

1 설날, 정월 대보름, 단오, 추석은 우리나라의 명절입니다. ④ 크리스마스는 다른 나라에서 들어온 명절입니다.

2 정월 대보름에 사람들은 달집(나무 무더기)에 불을 질러 태우며 노는 풍속인 달집태우기와 기다란 막대나 줄에 불을 달고 빙빙 돌리며 노는 놀이인 쥐불놀이를 하면서 그해의 풍년을 빌고, 나쁜 기운을 쫓았습니다.

3 단오에 사람들은 여름을 시원하고 건강하게 지내라는 의미로 부채를 주고받고, 창포물에 머리를 감기도 하였습니다. 세미 – 차가운 음식을 먹었던 것은 한식의 세시 풍속입니다.

4 삼복에 사람들은 닭백숙, 육개장처럼 영양이 풍부한 음식이나 과일을 먹으며 더위를 이겨 냈습니다. ① 설날에는 떡국, ② 추석에는 송편, ③ 동지에는 팥죽, ⑤ 정월 대보름에는 오곡밥을 먹었습니다.

14일차 집의 형태에 따른 생활 모습의 변화

초성 퀴즈 1 불 2 마당 3 기와집 (92쪽)

문제로 확인하기 93쪽

1 승희   2 ⑤   3 ④
4 ②

- -

오늘의 핵심 1 안채, 사랑채 2 ○

1 성준 – 움집에서는 쓰임새를 구분하지 않고 한 공간에서 여러 가지 일을 하며 살았습니다.

2 초가집에는 방, 마루, 부엌, 화장실(뒷간), 외양간, 창고(헛간), 마당 등의 공간이 있었습니다. ⑤는 움집에서의 생활 모습에 해당합니다.

3 제시된 내용에서 설명하는 집은 아파트입니다. 아파트는 대부분 거실과 주방이 연결되어 있고 화장실이 집 안에 있습니다.

다양한 세시 풍속 조사하기

초성 퀴즈 **1** 도서관   **2** 삼짇날   **3** 소개   (104쪽)

문제로 확인하기 105쪽

1 ⓒ → ⊙ → ⓔ   **2** ②

3 ②

- -

오늘의 핵심 **1** ○   **2** 조사 보고서

1 세시 풍속에 대해 알기 위해 'ⓒ 조사할 세시 풍속 정하기 → ⊙ 세시 풍속 조사하기 → ⓔ 조사한 세시 풍속의 내용 정리하기'의 순서로 조사할 수 있습니다.

2 주변 어른께 세시 풍속에 대해 여쭈어보는 것은 세시 풍속을 조사하는 방법 중 면담하기에 해당합니다.

3 김장 담그기, 메주 띄우기는 상달의 세시 풍속입니다. 음력 10월에 해당하는 상달에는 다가오는 겨울을 대비해 김장을 하고 메주를 띄웠습니다.

옛날과 오늘날의 세시 풍속 비교하기

초성 퀴즈 **1** 가을   **2** 농사   **3** 세배, 떡국   (110쪽)

문제로 확인하기 111쪽

1 농사   **2** ④   **3** ⓒ, ⓔ

4 ⊙

- -

오늘의 핵심 **1** 많이   **2** ×

1 옛날에 우리 조상들은 주로 농사를 짓고 살았기 때문에 농사와 관련된 세시 풍속이 계절에 따라 다양했습니다.

2 오늘날에는 교통과 통신, 과학 기술의 발달로 직업이 다양해지고 옛날보다 날씨와 계절의 영향을 적게 받으면서 세시 풍속의 모습이 많이 바뀌었습니다. ④ 오늘날에는 옛날보다 농사를 짓는 사람이 줄어들면서 농사와 관련된 세시 풍속이 많이 사라졌습니다.

3 ⓒ 옛날에는 신발을 잃어버리면 일 년 운이 나쁘다고 믿어 설날 밤에 야광귀가 가져가지 않도록 신발을 방 안에 두었습니다. ⓔ 옛날에는 복이 많이 들어오기를 빌며 설날에 복조리를 집 안에 걸었습니다.

4 설날에 웃어른께 세배를 드리고 떡국을 먹는 세시 풍속은 오늘날까지 이어지고 있습니다.

세시 풍속 체험하기

초성 퀴즈 **1** 부채   **2** 풍년   (116쪽)

문제로 확인하기 117쪽

1 ①   **2** 윷놀이

3 ⓒ → ⓔ → ⊙   **4** ⑤

- -

오늘의 핵심 **1** 여름   **2** ×   **3** 송편

1 우리 조상들은 무더운 여름의 시작을 알리는 단오에 더운 여름을 시원하게 보내라는 의미로 '단오선'이라는 부채를 주고받았습니다.

2 윷놀이를 하려면 윷, 윷판, 윷말이 필요합니다. 윷놀이는 설날부터 정월 대보름 사이에 마을 사람들이 함께 모여 풍년을 기원하고 한 해의 운세를 점치며 하였던 놀이입니다.

3 송편은 'ⓒ 쌀가루 반죽하기 → ⓔ 반죽에 콩을 넣어 송편 빚기 → ⊙ 찜통에 송편 찌기'의 순서로 만들 수 있습니다.

4 ⑤ 크리스마스는 우리나라의 명절이 아니므로 크리스마스 카드 만들기는 우리나라의 세시 풍속을 체험해 보고 싶은 어린이가 할 수 있는 활동으로 알맞지 않습니다.

1 ①   **2** ⑤   **3** ⑤

4 **모범 답안** 철로 만든 농사 도구를 사용하면서 농업이 크게 발달하였다. 또한 철로 만든 무기를 가진 사람들은 전쟁에서 쉽게 이길 수 있었다.

5 ㉠ 돌 ㉡ 철   **6** ⑤   **7** ②

8 ③   **9** (가)   **10** ⑤

11 ②   **12** ①, ②   **13** ④

14 ②   **15** ③   **16** 여름

17 **모범 답안** 교통과 통신, 과학 기술의 발달로 직업이 다양해졌기 때문이다.

18 ①   **19** ④   **20** ④

1 제시된 그림과 같은 생활을 하였던 사람들은 돌을 깨뜨려 만든 도끼인 주먹도끼를 사용하였습니다. ② 청동 거울, ③ 비파형 동검(청동 검), ④ 철로 만든 낫은 금속으로 만든 도구입니다. ⑤ 빗살무늬 토기는 돌을 갈아서 도구로 만든 시대부터 사용하였습니다.

2 ⑤는 청동과 같은 금속을 도구로 사용하기 시작했던 시대의 생활 모습입니다.

3 제시된 사진 중 왼쪽은 농경문 청동기, 가운데는 비파형 동검(청동 검), 오른쪽은 청동 거울입니다. 이들은 모두 청동으로 만든 도구입니다.

4 **모범 답안** 철로 만든 농사 도구를 사용하면서 농업이 크게 발달하였다. 또한 철로 만든 무기를 가진 사람들은 전쟁에서 쉽게 이길 수 있었다.

채점 기준
'철로 만든 농사 도구를 사용하면서 농업이 크게 발달하였다. 또한 철로 만든 무기를 가진 사람들은 전쟁에서 쉽게 이길 수 있었다.'라고 바르게 쓴 경우

철은 생활 도구와 무기로 널리 사용되었습니다. 철로 만든 도구를 사용하면서 농업이 크게 발달하였고, 전쟁에서도 쉽게 이길 수 있었습니다.

5 왼쪽은 돌괭이, 오른쪽은 철로 만든 괭이를 사용하는 모습에 해당합니다. 농사를 짓기 시작한 사람들은 돌을 나무에 연결하거나 날카롭게 갈아 농사 도구로 사용하다가 점차 철로 만든 농사 도구를 사용하게 되었습니다.

6 반달 돌칼은 돌을 반달 모양으로 갈아서 날카롭게 만든 도구로, 익은 곡식을 거두는 데 사용하였습니다.

7 밑줄 친 '이 도구'는 베틀입니다. 베틀을 이용하면 실을 서로 엮어서 만들기 때문에 옷감을 원하는 만큼 만들 수 있습니다.

8 음식을 만드는 도구는 '토기 → 시루 → 가마솥 → 전기밥솥'의 순서로 발달하였고, 이로 인해 다양한 음식을 편리하게 만들 수 있게 되었습니다.

9 옛날에는 열매나 동물 등 먹을거리가 떨어지면 새로운 먹을거리를 찾아 이곳저곳 옮겨 다녔기 때문에 동굴이나 바위 그늘에서 살았습니다.

10 (다) 기와집에는 안채와 사랑채의 공간이 있었는데, 안채에서는 주로 여자들이 생활하였고, 사랑채에서는 남자들이 글공부를 하거나 손님을 맞이하였습니다. ①은 아파트, ②는 초가집, ③은 움집, 동굴, ④는 움집에 대한 설명입니다.

11 설날에 윷놀이하기, 동지에 팥죽 먹기, 추석에 성묘하기, 정월 대보름에 부럼 깨물기는 모두 우리나라의 세시 풍속에 해당합니다. 세시 풍속은 해마다 일정한 날이나 계절에 반복하는 우리 고유의 풍속을 말합니다.

12 정월 대보름은 음력으로 새해 첫 둥근 보름달이 뜨는 날로, 사람들이 달집태우기와 쥐불놀이를 하면서 나쁜 기운을 쫓아내고, 새해 소원을 빌었습니다. ③은 단오, ④는 중양절, ⑤는 삼복의 세시 풍속입니다.

13 밑줄 친 '이 명절'은 추석입니다. 추석에는 한 해 동안 농사지은 곡식과 과일을 수확하고 조상들께 감사의 의미로 차례를 지내고 성묘를 했습니다. 또한 강강술래와 줄다리기 등을 하였고, 송편과 토란국을 만들어 먹었습니다.

14 동지는 일 년 중에 밤이 가장 긴 날로, 이날 우리 조상들은 팥죽을 만들어 먹으며 나쁜 기운을 몰아내고자 하였습니다.

15 삼짇날에는 시냇가나 계곡에 가서 꽃을 구경하였고 진달래꽃으로 전을 만들어 먹었으며, 활쏘기 솜씨를 겨루기도 하였습니다.

16 옛날 여름에는 건강하게 농사짓고, 풍년을 기원하기 위한 다양한 세시 풍속이 있었습니다.

17 (모범 답안) 교통과 통신, 과학 기술의 발달로 직업이 다양해졌기 때문이다.

채점 기준
'교통과 통신, 과학 기술의 발달로 직업이 다양해졌기 때문이다.'라고 바르게 쓴 경우

오늘날에는 교통과 통신, 과학 기술의 발달로 직업이 다양해지면서 세시 풍속의 모습이 많이 바뀌었습니다.

18 ① 옛날에는 오늘날보다 더 다양하고 많은 설날 세시 풍속이 있었습니다.

19 우리 조상들은 단오에 더운 여름을 시원하고 건강하게 보내라는 의미로 부채를 주고받았습니다. 단오에 부채를 주고받는 풍속은 임금이 단오에 신하들에게 부채를 선물하던 데에서 시작되었습니다.

20 ④ 윷놀이는 윷말 네 개가 출발하였던 칸으로 상대편보다 먼저 돌아오면 이깁니다.

4 움집 안은 하나의 공간으로 이루어져 있었습니다. 움집에 살던 사람들은 쓰임새를 구분하지 않고 한 공간에서 음식을 만들고 도구를 손질하는 등 여러 가지 일을 하며 살았습니다.

5 명절과 같이 해마다 반복되는 날에 되풀이해서 하는 일, 하는 놀이, 먹는 음식 등의 고유한 풍속을 세시 풍속이라고 합니다.

6 옛날 사람들은 정월 대보름에 함께 달집태우기와 쥐불놀이를 하였습니다. 한식에는 한 해 농사가 잘되기를 바라며 성묘를 하였고, 불을 사용하지 않고 만든 차가운 음식을 먹었습니다.

7 오늘날에는 교통과 통신, 과학 기술의 발달로 직업이 다양해졌습니다. 그래서 농사와 관련된 세시 풍속이 많이 사라졌고 주로 설날이나 추석과 같은 큰 명절을 지냅니다.

8 옛날에는 단오에 더운 여름을 시원하게 보내라는 의미로 '단오선'이라는 부채를 주고받았습니다.

쪽지 시험 9~18일차 121쪽

1 청동	**2** 적은	**3** 전기밥솥
4 움집	**5** 세시 풍속	
6 ㉠ 정월 대보름 ㉡ 한식		
7 ㉠ 농사 ㉡ 명절	**8** 부채	

1 청동은 재료를 구하기 힘들고 다루기 어려워서 주로 무기나 제사 도구, 몸을 장식하는 장신구를 만들 때 사용하였습니다.

2 사람들은 농사 도구를 사용하면서 전보다 적은 힘으로 농사를 지었습니다.

3 오늘날에는 주로 전기밥솥으로 밥을 짓습니다. 음식을 만드는 도구가 발달하면서 다양한 음식을 쉽고 빠르게 만들 수 있게 되었습니다.

19일차 옛날과 오늘날의 결혼 모습

초성 퀴즈 **1** 나무 기러기 **2** 폐백 126쪽

문제로 확인하기 127쪽

1 ㉣ → ㉡ → ㉢ → ㉠	**2** ②
3 ④	**4** 현아

오늘의 핵심 **1** × **2** 신부 **3** 오늘날

1 옛날에는 신랑이 말을 타고 신부의 집으로 가서 혼례를 치렀습니다. 신랑과 신부는 신부의 집에서 며칠을 지낸 후에 신랑의 집으로 이동하였고, 신랑의 집에 도착하면 폐백을 드렸습니다.

2 ②는 오늘날의 결혼 풍습입니다. 옛날에는 신부의 집에서 결혼식을 하였습니다.

3 ④ 옛날에는 혼례를 마친 신랑과 신부가 신부의 집에서 며칠을 지낸 후에 신랑은 말, 신부는 가마를 타고 신랑의 집으로 갔습니다.

4 현아 – 옛날에는 신랑의 집에서 폐백을 드렸고, 오늘날에는 결혼식장의 폐백실에서 폐백을 드리기도 합니다.

20 일차 옛날과 오늘날의 가족 형태

초성 퀴즈 1 확대 2 핵가족 (132쪽)

문제로 확인하기 133쪽

1 ㉠ 확대 가족 ㉡ 핵가족 2 ⑤
3 농사 4 ④

오늘의 핵심 1 확대 가족 2 ○

1 자녀가 결혼한 후에도 부모와 함께 사는 가족을 확대 가족이라고 하고, 결혼하지 않은 자녀와 부모가 함께 사는 가족을 핵가족이라고 합니다.

2 핵가족은 부부와 결혼하지 않은 자녀로 이루어진 가족입니다. ①, ②, ③, ④는 확대 가족에 해당합니다.

3 옛날에는 주로 농사를 지어 일손이 많이 필요하였기 때문에 자녀가 결혼한 후에도 부모와 함께 사는 확대 가족이 많았습니다.

4 오늘날에는 직장이나 교육 등을 위해 다른 지역으로 이동하거나 쾌적한 환경, 살기 좋은 곳을 찾아 이사하면서 핵가족이 많아졌습니다.

21 일차 옛날과 오늘날 가족 구성원의 역할

초성 퀴즈 1 성별 2 평등 (138쪽)

문제로 확인하기 139쪽

1 ㉠ 여자 ㉡ 남자 2 ④
3 ㉠ 4 동현

오늘의 핵심 1 ○ 2 가족 구성원들

1 옛날에는 성별에 따라 가족 구성원의 역할이 비교적 뚜렷하게 구분되어 있었습니다.

2 옛날에 할머니는 주로 손자와 손녀를 돌봐 주고 집안일을 하였습니다. ①, ②, ③, ⑤는 옛날에 남자가 주로 하였던 일입니다.

3 오늘날에는 부모가 함께 자녀를 돌봅니다. ㉡ 오늘날에는 부모가 모두 일하는 경우가 많아졌습니다. ㉢ 오늘날 가정에서 남녀의 역할 구분이 없어지고 있습니다. ㉣ 오늘날에는 집안의 중요한 일을 가족 구성원이 함께 의논하여 결정합니다.

4 오늘날 가족 구성원의 역할이 변화하게 된 것은 여성의 사회 진출이 활발해지고 남녀가 평등하다는 의식이 높아졌기 때문입니다. 동현 – 오늘날에는 여자와 남자 누구에게나 교육을 받을 기회를 동등하게 줍니다.

22 일차 바람직한 가족 구성원의 역할

초성 퀴즈 1 갈등 2 배려 3 역할 (144쪽)

문제로 확인하기 145쪽

1 갈등 2 솔이 3 ㉡, ㉢
4 ⑤

오늘의 핵심 1 존중 2 ○

1 갈등은 서로 생각이나 의견이 맞지 않아 부딪치고 있는 상태를 말합니다. 사람마다 생각하거나 원하는 것이 다르기 때문에 가족 구성원 사이에서도 갈등이 생길 수 있습니다.

2 솔이 – 가족 구성원 간의 갈등을 해결하기 위해서는 가족 간의 갈등이 왜 생겼는지를 생각해 보고, 대화로 해결하려고 노력해야 합니다.

3 ㉠ 가족 구성원 간의 갈등 상황을 해결해 보는 역할극을 하면서 가족 구성원의 서로 다른 입장을 생각해 볼 수 있습니다.

4 행복한 가정을 만들기 위해서는 가족 구성원 모두가 자신의 역할을 바로 알고 실천하며, 대화를 나누면서 서로의 생각을 이해해야 합니다.

23일차 오늘날의 다양한 가족 형태

초성 퀴즈 1 다문화 2 자녀 3 책임감 (150쪽)

문제로 확인하기 151쪽

1 지후 2 ④ 3 (나)
4 반려동물

오늘의 핵심 1 다양한 2 ✕

1 우리 사회에는 다양한 형태의 가족이 살고 있습니다. 우리 가족과 같거나 비슷한 형태의 가족도 있고, 다른 형태의 가족도 있습니다.

2 제시된 그림에는 부모의 재혼을 통해 두 가족이 새롭게 한 가족을 이룬 모습이 나타나 있습니다.

3 부모님 중 한 분과 자녀가 함께 사는 가족은 (나)에 해당합니다. (가)는 할머니와 손자로 이루어진 가족, (다)는 입양을 통해 이루어진 가족입니다.

4 반려동물은 사람과 더불어 살아가는 동물이라는 의미로, 반려동물을 기르는 사람들은 자신이 기르는 반려동물을 가족처럼 생각하기도 합니다.

24일차 오늘날 다양한 가족의 생활 모습

초성 퀴즈 1 생활 모습 2 입양 3 영상 (156쪽)

문제로 확인하기 157쪽

1 은영 2 ⑤ 3 ⑤
4 ④

오늘의 핵심 1 ○ 2 다양합니다

1 재혼을 통해 이루어진 가족은 두 가족이 만나 새로운 가족을 이룬 은영이네 가족입니다. 선미네 가족은 입양 가족, 준우네 가족은 다문화 가족입니다.

2 제시된 자료는 아버지와 딸이 함께 사는 가족의 생활 모습을 담은 신문 기사입니다.

3 제시된 자료는 부모님 중 한 분과 자녀로 이루어진 한부모 가족을 보여 줍니다.

4 제시된 영화 장면은 할아버지가 직접 준비한 식사에 반찬 투정을 하는 손자의 모습으로, 조손 가족을 보여 줍니다.

25일차 다양한 가족을 존중하는 태도

초성 퀴즈 1 규칙, 예절 2 존중 (162쪽)

문제로 확인하기 163쪽

1 ㉢ 2 ① 3 ③, ⑤
4 수빈

오늘의 핵심 1 배려 2 ○

1 ㉢은 가족의 생활 모습을 표현한 작품을 감상한 후에 생각해 보아야 할 점입니다.

2 제시된 역할극 대본에서 주인공이 언니가 된다는 것, 동생을 데리러 입양원으로 출발할 것이라는 내용을 통해 입양을 통해 이루어진 가족을 표현하고자 하였음을 알 수 있습니다.

3 가족은 가족 구성원이 아프면 보살펴 주고, 실수를 해도 이해해 주며 어렵고 힘들 때 힘과 용기를 낼 수 있도록 위로하고 격려해 줍니다.

4 수빈 – 가족의 모습이 우리 가족과 다르다고 이상하게 보지 않고, 다양한 모습으로 살아가는 가족을 있는 그대로 바라보아야 합니다.

19~25일차

단원 평가 　3. 가족의 모습과 역할 변화　164~166쪽

1 ㉠ 말 ㉡ 가마	**2** ③	**3** ④

4 　모범 답안　 자식을 많이 낳고 부자가 되라는 뜻으로 신부의 치마에 대추와 밤을 던져 준다.

5 ㉠, ㉡	**6** 정민	**7** ⑤
8 ③	**9** ④	**10** ①
11 ⑤	**12** ②	**13** ⑤
14 ③	**15** ①	**16** ⑤
17 성현	**18** ③	

19 　모범 답안　 사회생활에 필요한 규칙과 예절을 가르쳐 준다. 가족이 아프면 보살펴 준다. 함께 즐거운 시간을 보낸다. 가족이 실수를 해도 이해해 주고, 어렵고 힘들 때 힘과 용기를 낼 수 있도록 도와준다. 가족 구성원들의 쉼터이자 보금자리이다.

20 ④

---

1 신랑은 말을 타고 신부의 집으로 가서 혼례를 치렀습니다. 혼례를 마치고 나서 며칠을 보낸 후에 신랑은 말을, 신부는 가마를 타고 함께 신랑의 집으로 갔습니다.

2 오늘날의 결혼식 모습은 결혼식장에서 하는 결혼식, 야외 결혼식, 이색 결혼식, 전통 혼례 방식으로 하는 결혼식 등 다양합니다.

3 옛날과 오늘날의 결혼 풍습은 달라졌지만, 사람들이 신랑과 신부를 축복해 준다는 점은 같습니다.

4 　모범 답안　 자식을 많이 낳고 부자가 되라는 뜻으로 신부의 치마에 대추와 밤을 던져 준다.

채점 기준
'자식을 많이 낳고 부자가 되라는 뜻으로 신부의 치마에 대추와 밤을 던져 준다.'라고 바르게 쓴 경우

폐백 때 어른들이 신부의 치마에 대추나 밤을 던져 주는 행동에는 '자식을 많이 낳고 부자가 되라.'는 의미가 담겨 있습니다.

5 제시된 그림은 결혼한 자녀가 부모와 함께 사는 확대 가족을 나타낸 것으로, 확대 가족은 옛날에 많았던 가족 형태입니다. ㉡, ㉣은 핵가족에 대한 설명입니다.

6 정민 – 옛날에 확대 가족이 많았던 까닭에 대한 설명입니다.

7 옛날에는 성별에 따라 가족 구성원의 역할이 비교적 뚜렷하게 구분되어 있었습니다.

8 ③ 오늘날에는 여성의 사회 진출이 활발해지면서 부모가 모두 직장을 다니며 일을 하는 경우가 많아졌습니다.

9 오늘날에는 여성의 사회 진출이 늘어나고 남녀가 평등하다는 의식이 높아지는 등 사회가 변화하였기 때문에 가족 구성원의 역할이 많이 달라졌습니다. ④ 옛날에는 주로 남자아이에게만 글공부를 시켰지만, 오늘날에는 여자와 남자 누구에게나 교육받을 기회를 동등하게 줍니다.

10 갈등은 서로 생각이나 의견이 맞지 않아 부딪치고 있는 상태를 말합니다. 가족 구성원들이 서로 생각이 다르거나 각자의 역할을 하지 않아 갈등이 생기기도 합니다.

11 가족 구성원 간의 갈등을 해결하기 위해서는 가족 간의 갈등이 왜 생겼는지를 생각해 보고, 대화로 해결하려고 노력해야 합니다. 또한 가족 구성원들이 서로 존중하고 배려하는 마음을 가지고 문제가 생겼을 때는 협력하여 해결해야 합니다.

12 행복한 가정을 만들기 위해서 ① 집안일은 가족이 모두 함께 나누어서 하고, ③ 가족 간의 대화를 자주 해야 합니다. 또한 ④ 형제자매 간에 서로 양보하고, ⑤ 장난감이나 물건 등을 함께 사용해야 합니다.

13 제시된 그림은 한국인 어머니와 고향이 터키인 아버지가 결혼해서 이루어진 가족의 모습입니다.

14 ③ 우리 사회에는 다양한 형태의 가족이 살고 있습니다. 우리 가족과 같거나 비슷한 형태의 가족도 있고, 다른 형태의 가족도 있습니다.

15 (가)는 동화책 속의 입양 가족을 보여 줍니다. '엄마 아빠는 내 동생을 입양하려는 모양이다.'라는 내용을 통해 입양 가족을 나타내는 것임을 알 수 있습니다.

16 (나)는 신문 기사 속의 한부모 가족을 보여 줍니다. 혼자 딸을 키우는 아버지는 아침마다 아이의 머리를 정성스럽게 묶어 주며 딸을 사랑으로 키우고 있습니다.

17 가족마다 가족의 형태나 가족을 구성하는 사람들이 다르기 때문에 가족의 생활 모습도 서로 다릅니다.

18 다양한 가족의 생활 모습을 표현하기 위한 계획을 세울 때에는 표현할 가족의 형태, 표현 방법, 표현하고 싶은 내용 등을 생각해 봐야 합니다.

19 모범 답안 사회생활에 필요한 규칙과 예절을 가르쳐 준다. 가족이 아프면 보살펴 준다. 함께 즐거운 시간을 보낸다. 가족이 실수를 해도 이해해 주고, 어렵고 힘들 때 힘과 용기를 낼 수 있도록 도와준다. 가족 구성원들의 쉼터이자 보금자리이다.

채점 기준
'사회생활에 필요한 규칙과 예절을 가르쳐 준다.' / '가족이 아프면 보살펴 준다.' / '함께 즐거운 시간을 보낸다.' / '가족이 실수를 해도 이해해 주고, 어렵고 힘들 때 힘과 용기를 낼 수 있도록 도와준다.' / '가족 구성원들의 쉼터이자 보금자리이다.' 중 한 가지를 바르게 쓴 경우

가족은 누구에게나 특별하고 소중한 의미를 지닙니다.

20 가족이 항상 우리를 든든하게 지켜 준다는 내용을 통해 제시된 자료는 가족을 울타리로 표현한 것임을 알 수 있습니다.

1 옛날에는 신부의 집에 도착한 신랑이 나무 기러기를 신부 측에 건네주면서 혼례가 시작되었습니다. 오늘날에는 신랑과 신부가 결혼반지를 주고받습니다.

2 오늘날에는 결혼하지 않은 자녀가 부모와 함께 사는 핵가족이 확대 가족보다 더 많습니다.

3 오늘날에는 여성의 사회 진출이 늘어나고, 남자와 여자가 평등하다는 생각으로 성별의 구분 없이 다양한 역할을 나누어 하면서 가족 구성원의 역할도 많이 달라졌습니다.

4 가족 구성원 간의 갈등을 해결하려면 대화를 통하여 가족 구성원을 이해하고 배려해야 합니다.

5 오늘날에는 다양한 형태의 가족이 있습니다. 사회가 변화하면서 가족의 형태는 점점 다양해지고 있습니다.

6 한국인 어머니와 고향이 터키인 아버지, 자녀가 함께 사는 가족은 한국인과 외국인이 결혼해서 이루어진 다문화 가족에 해당합니다.

7 가족마다 가족 형태나 가족 구성원이 다르고, 가족의 형태나 구성원에 따라 가족이 살아가는 모습도 달라집니다.

8 우리는 가족과 생활하며 사회생활에 필요한 규칙과 예절을 배울 수 있습니다.

쪽지 시험　19~25일차　**167쪽**

1 ㉠ 나무 기러기 ㉡ 결혼반지　**2** 핵가족
3 ㉠ 늘어나고 ㉡ 높아지면서　**4** 대화
5 다양합니다　**6** 외국인　**7** 다르기
8 가족

Memo